Sabine Schweickert

Fahren für Einsteiger

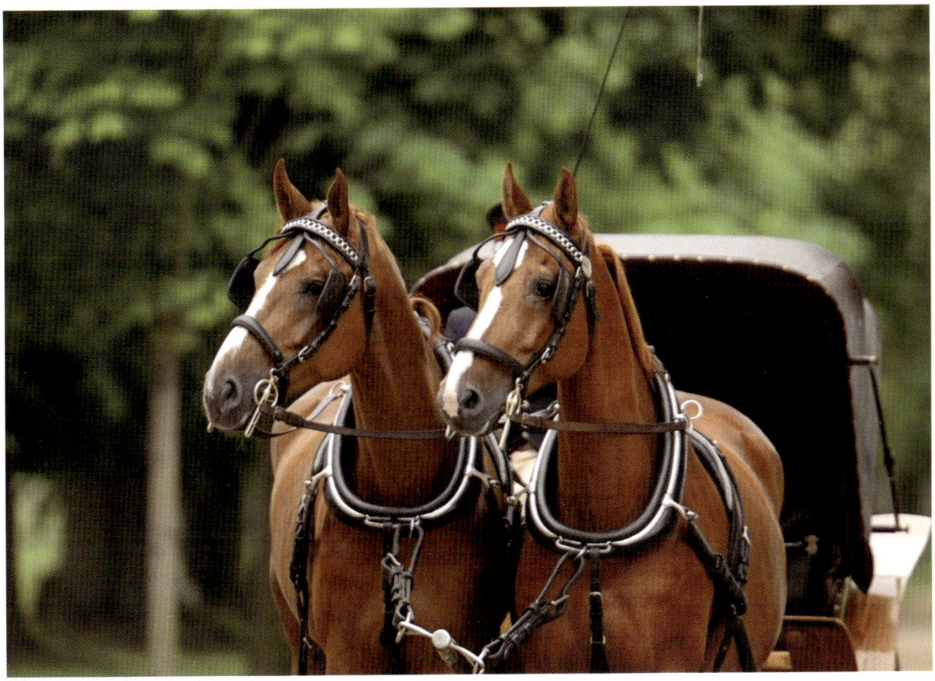

Müller Rüschlikon

Impressum

Einbandgestaltung: R2 I Ravenstein, Verden

Titelfoto: Sandra Hoffmann

Bildnachweis:
Alle Bilder stammen von Sandra Hoffmann, außer S. 8 re: Pauline Gölles, S. 9 re: Rainer Doth

Alle Angaben in diesem Buch wurden nach bestem Wissen und Gewissen gemacht. Für einen eventuellen Missbrauch der Informationen in diesem Buch können weder die Autorin noch der Verlag oder die Vertreiber des Buches zur Verantwortung gezogen werden. Eine Haftung für Personen-, Sach- und Vermögensschäden ist ausgeschlossen.

Eine frühere Auflage dieses Buches ist unter der ISBN 978-3-275-02079-9 erschienen.

ISBN 978-3-275-02169-7

Postfach 103743, 70032 Stuttgart
Ein Unternehmen der Paul Pietsch Verlage GmbH & Co. KG

3. Auflage 2024

Sie finden uns im Internet unter www.mueller-rueschlikon-verlag.de

Gesamtleitung: Claudia König
Lektorat: Angela Saur, Steffi Gaede
Innengestaltung: Kerstin Diacont
Druck und Bindung: DZS Grafik d.o.o., 1210 Ljubljana
Printed in Slovenia

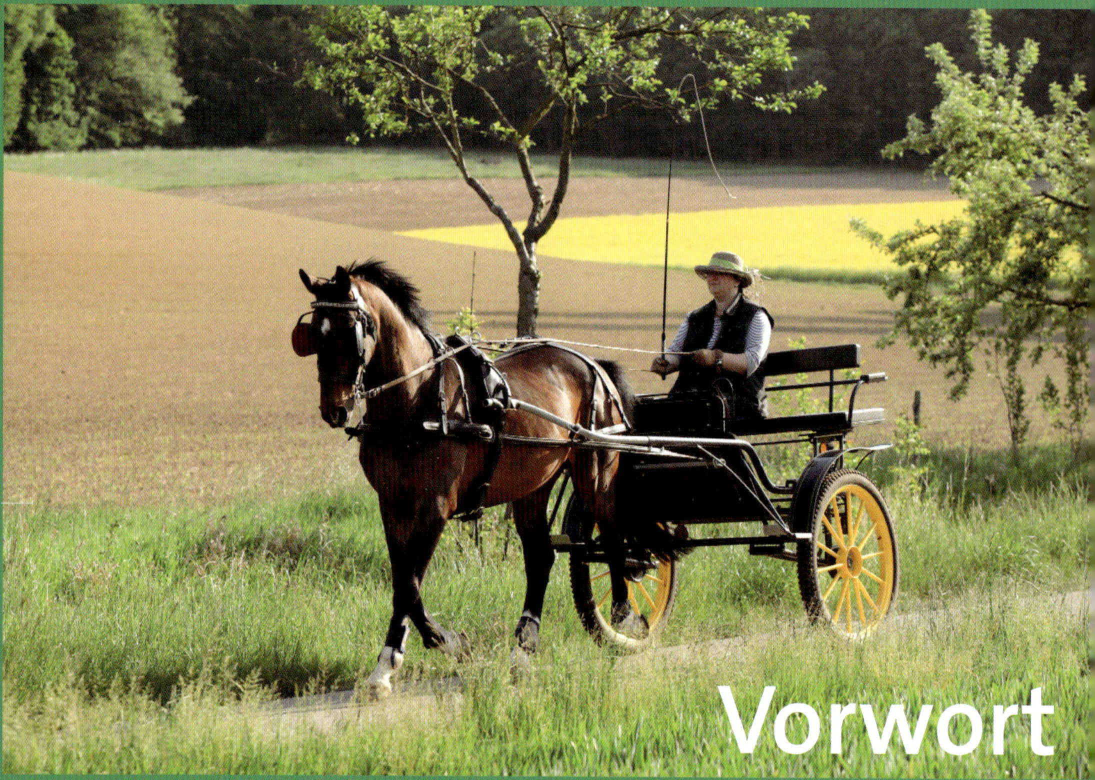
Vorwort

Man hat ja so seine Gedanken und Träume ...

Manch einer sieht sich gemeinsam mit der Familie durch die Natur fahren, ein anderer träumt davon, ein paar Wochen im Jahr auszusteigen, und plant deshalb eine Wanderfahrt. Der nächste möchte »just for fun« mit seinem Pferd neben der Reiterei auch fahren. Wieder ein anderer hat die spektakulären Geländefahrten im Fernsehen oder live bei einem Turnier gesehen und will den Nervenkitzel spüren. Dann gibt es Leute, die der Kulturgeschichte frönen und sich der traditionellen Fahrerei mit historischen Kutschen verschreiben. Fahren mit Pferden: Ein Gebiet, das keine Wünsche offen lässt!

Nun zur Realität. Sie planen, mit Pferden zu fahren? Dann wäre wichtig, dass Sie als Erstes Fahren lernen! Ich würde Ihnen empfehlen, dies in einer »Fachschule«, das heißt in einer sogenannten Fahrschule zu tun. Der Ausbilder sollte qualifiziert sein und einen guten Umgang mit seinen Pferden pflegen. Schauen Sie sich den Ausbildungsstall vorab einmal an. Jeder, der nichts zu verbergen hat, gewährt Ihnen gerne Einlass und nimmt sich die Zeit, Sie zu beraten. Schauen Sie sich die Pferde an, ihren Allgemeinzustand, die Haltung. Lassen Sie sich das Arbeitsmaterial, also die Kutschen und Geschirre zeigen, die sich in einem ordentlichen Zustand befinden sollten. Fragen Sie nach der Qualifikation des Ausbilders. Es gibt bei der FN (Deutsche Reiterliche Vereinigung) die Stufen Trainer C, Trainer B und Trainer A, sowie beim VFD (Verein für Freizeitreiter Deutschland) die Stufen Übungsleiter Fahren und Fahrlehrer. Wenn ein Ausbilder eine dieser Qualifikationen nachweisen kann, dann können Sie schon mal sicher sein, dass er sein Handwerk gelernt hat und weiß, wovon er spricht. Als ganz wichtig empfinde ich, dass das Zwischenmenschliche stimmt. Stellen Sie sich die Frage: »Fühle ich mich in guten Händen und finde ich diesen Menschen auch sympathisch?« Dies sollten Sie mit einem klaren JA beantworten können. Nichts ist schlimmer, als etwas mit Freude und voller Elan zu beginnen und jemand nimmt einem, aus welchem Grund auch immer, die Motivation. Stimmt also die Chemie, steht dem Abenteuer Fahren nichts mehr im Wege.

Gehen wir ein Stückchen weiter: Nehmen wir mal an, Sie haben Fahrerluft geschnuppert und möchten irgendwann mit eigenen Beinen und Rädern »im Leben stehen«. Da werden sicherlich einige Fragen aufkommen, bei denen es um das geeignete Pferd, den richtigen Wagen, das Equipment und vielleicht um logistische Probleme, Transport und vieles mehr geht. Gerne helfe ich Ihnen bei Ihren ersten Entscheidungen in den nachfolgenden Kapiteln.

Und jetzt kommen Sie, seien Sie bereit und folgen Sie mir durch mein Buch. Ich nehme Sie mit auf den Weg in die Welt einer der schönsten Freizeitbeschäftigungen mit dem Pferd – der Faszination des Fahrens.

links: Die Natur erleben wie damals, als das Rad sich noch langsam drehte.

1 Faszination Fahren

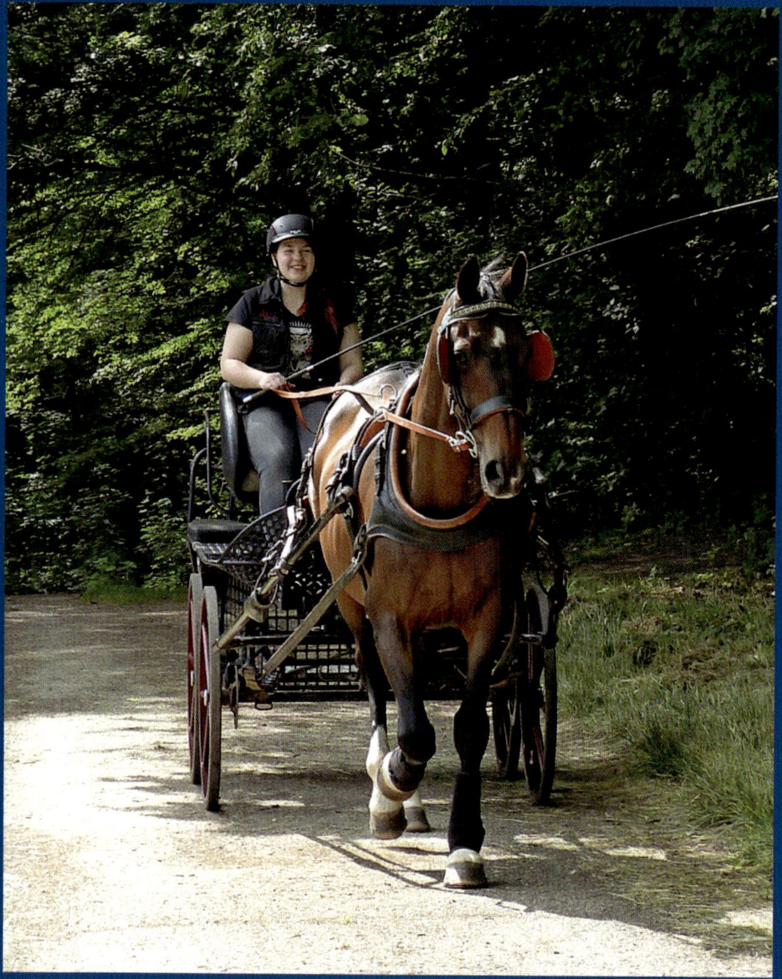

Die schönste Art des Pferdesports

1. Faszination Fahren – Die schönste Art des Pferdesports

Fahren mit Pferden. Dafür stehen Worte wie Leidenschaft, Dynamik, Kraft, Mut, Teamgeist, Spaß, aber auch Entspannung pur, die Natur genießen, oder einfach nur die Seele baumeln und den Alltag hinter sich lassen. Können Sie sich etwas Schöneres vorstellen, als im Einklang mit der Natur hinter zufrieden trabenden Pferden auf dem Kutschbock zu sitzen?
Nein? Ich muss Sie an dieser Stelle warnen, denn »Leine macht süchtig!«
Wie schön und facettenreich das Fahren mit Pferden sein kann, möchte ich Ihnen anhand folgender kleiner Beispiele näher bringen:

Freizeitfahren

Dem Alltag entfliehen und mit Pferd und Wagen die Natur genießen. Nette Freunde mitnehmen, oder mit der Familie einen schönen Ausflug starten. Sich zu »Fahrertagen« mit Gleichgesinnten treffen, gemeinsam ausfahren, oder sich auf einem großen Platz bei Geschicklichkeitsprüfungen messen: Das ist Fahrspaß pur!

Wanderfahren

Das Wanderfahren wird zunehmend beliebter. Viele Freizeitfahrer genießen es, mit der Pferdekutsche die Unberührtheit der Natur zu erleben. Wanderfahren ist Fahren im Gelände, Reisen mit dem Pferd – von mehrstündigen Ausfahrten bis zu Tagesfahrten, oft auch bis zu mehrtägigen Fahrtouren, die gut organisiert werden müssen. Die Pferde müssen richtig trainiert sein und der Fahrer entsprechende Kenntnisse über Orientierung, Wetterkunde und das Verhalten in der Natur besitzen.

Die Natur im Wandel der Jahreszeiten erleben.

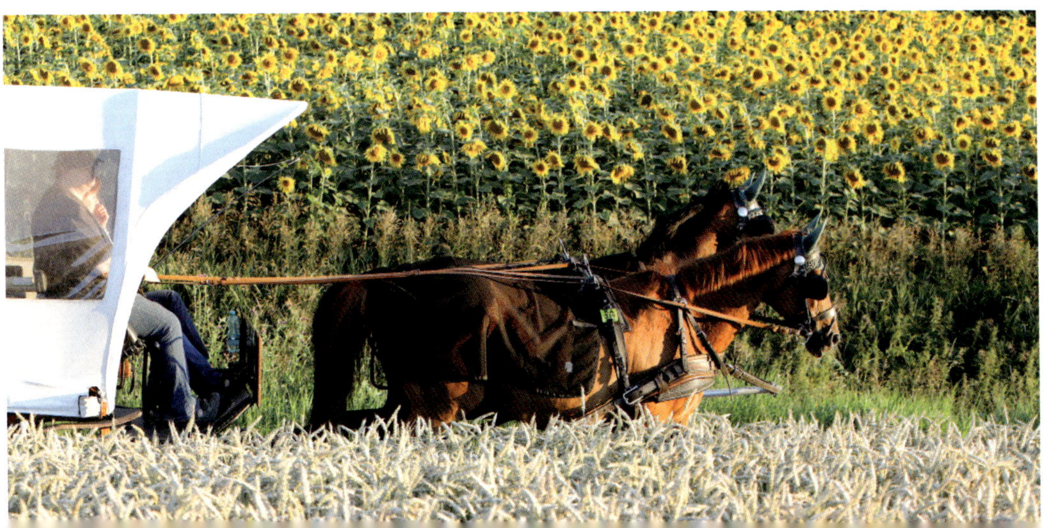

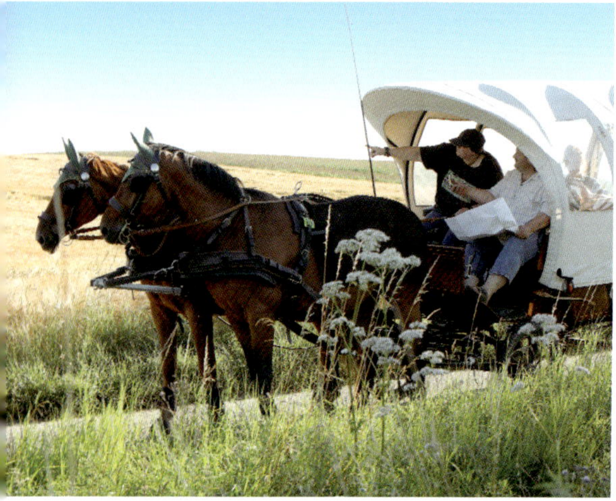

Wanderfahren: Der Weg ist das Ziel!

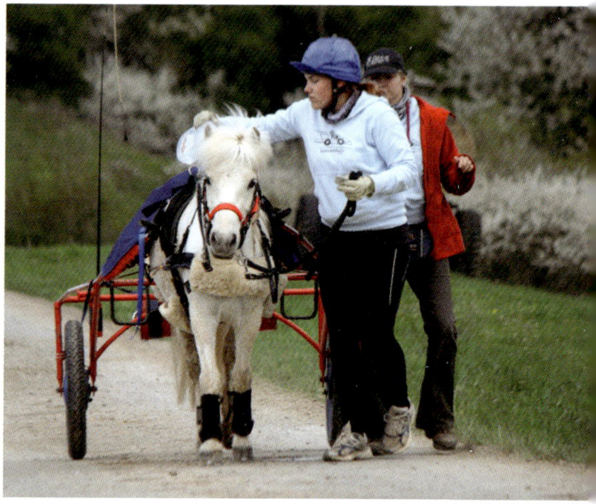

Abkühlung auf der Distanzstrecke – Pauline Gölles mit Pony Sindbad.

Distanzfahren

Eine Disziplin für Menschen mit Ausdauer und Freude am Fahrsport. Beim Distanzfahren geht es darum, eine festgelegte Strecke mit dem Gespann in einer bestimmten Zeit zu fahren. Das Ganze wird streng tierärztlich überwacht, damit kein Vierbeiner zu Schaden kommt. Zur Auswahl stehen verschiedene Streckenlängen. Es fängt für Einsteiger mit 30 km an und endet für Fortgeschrittene bei 160 km an einem Tag!

Traditionsfahren

Traditionelles Fahren ist eine Mischung aus Traditionspflege und sportlicher Herausforderung. Anhänger dieser Fahrzunft mit historischem Hintergrund stellen ihre Gespanne an historischen Kutschen vor. Dazu gehören auch die Gespannkontrolle nach traditionellen Gesichtspunkten sowie Streckenfahrten mit Fahrkunstaufgaben, die es zu absolvieren gilt. Oft wird auch ein Geschicklichkeitsparcours gefahren. Etwas für Liebhaber der Fahrkultur!

Gewerbliches Fahren

Gewerbliche Fuhrhaltereien sind darauf ausgerichtet, Gesellschaftsfahrten, wie beispielsweise Planwagen- und Hochzeitsfahrten anzubieten. Wer gewerblich fährt, muss einen FN (Deutschen Reiterlichen Vereinigung) Kutschenführerschein B -Gewerbe- besitzen oder einen VFD-Kurs Gewerbliches Fahren nachweisen. Ebenso sollte der gewerbliche Fahrer entsprechend versichert sein.

Turniersport

Im Turniersport gibt es die drei Disziplinen Dressur, Marathon und Hindernisfahren sowie die Kombinierte Prüfung.

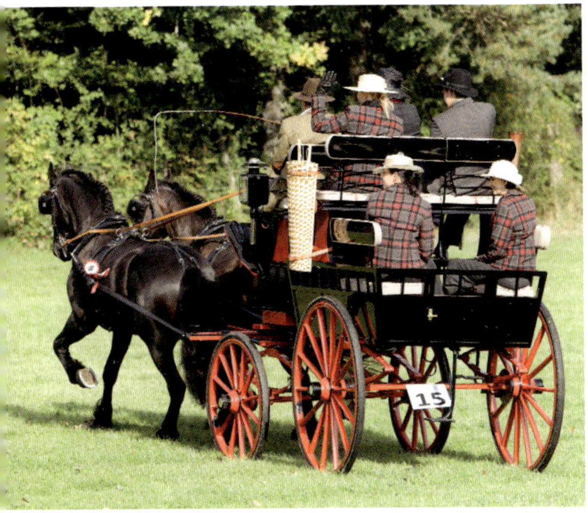

Traditionsfahren: Fahren wie anno dazumal.

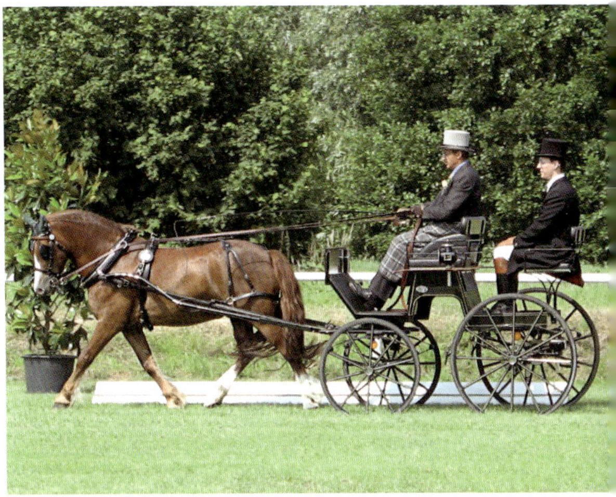

Gut herausgebrachtes Gespann – Rainer Doth mit seinem Welsh Cob »Landeck Mayron«.

Die Dressur – Eleganz und Harmonie

Elegant und stilecht stellen sich herausgeputzte Gespanne bei der Dressur vor. Auf einem Dressurviereck von 40 x 80 m bzw. 40 x 100 m sind die vorgeschriebenen Lektionen auswendig und mit möglichst großer Genauigkeit zu fahren. Je nach Klasse und Schwierigkeitsgrad haben zwei bis fünf Richter die Aufgabe, Gang, Schwung, Harmonie und Gehorsam der Pferde, Fahrstil und Einwirkung des Fahrers sowie die Präsentation zu bewerten.

Der Marathon, die Geländeprüfung – Teamarbeit, Geschwindigkeit und Nervenkitzel

Fahrer, Beifahrer, Pferde und Material werden im Marathon aufs Höchste beansprucht. Die elegante Dressurkutsche wird gegen einen robusten Geländewagen getauscht. Auf einer bis zu 20 km langen, in drei bis fünf Phasen aufgeteilten und festgelegten Strecke müssen Ausdauer und optimaler Trainingszustand der Pferde, Geschicklichkeit beim Fahren und Gefühl für Geschwindigkeit sowie eine gute Zusammenarbeit mit den Beifahrern, die den Wagen stabilisieren, unter Beweis gestellt werden. Richtig spannend wird es in der letzten Phase, dem Abschnitt mit den Hindernissen, welche Wasserdurchfahrten, Erdhügel, Brücken und künstlich gestaltete Labyrinthe enthalten, die es möglichst schnell zu durchfahren gilt.

Das Hindernisfahren – Präzision und Spannung

Hier müssen die Gespanne auf einem Platz einen vorgegebenen Parcours bewältigen. Je nach Klasse variiert die Anzahl der zu durchfahrenden Tore. Diese bestehen aus zwei Kegeln mit aufgesetzten Bällen, die je nach Schwierigkeitsgrad zwischen 20 cm und 40 cm breiter sind als die Spurbreite der Kutsche. Die Tore müssen möglichst ohne Ballabwurf in Reihenfolge und vorgegebener Zeit durchfahren werden. Strafpunkte gibt es für

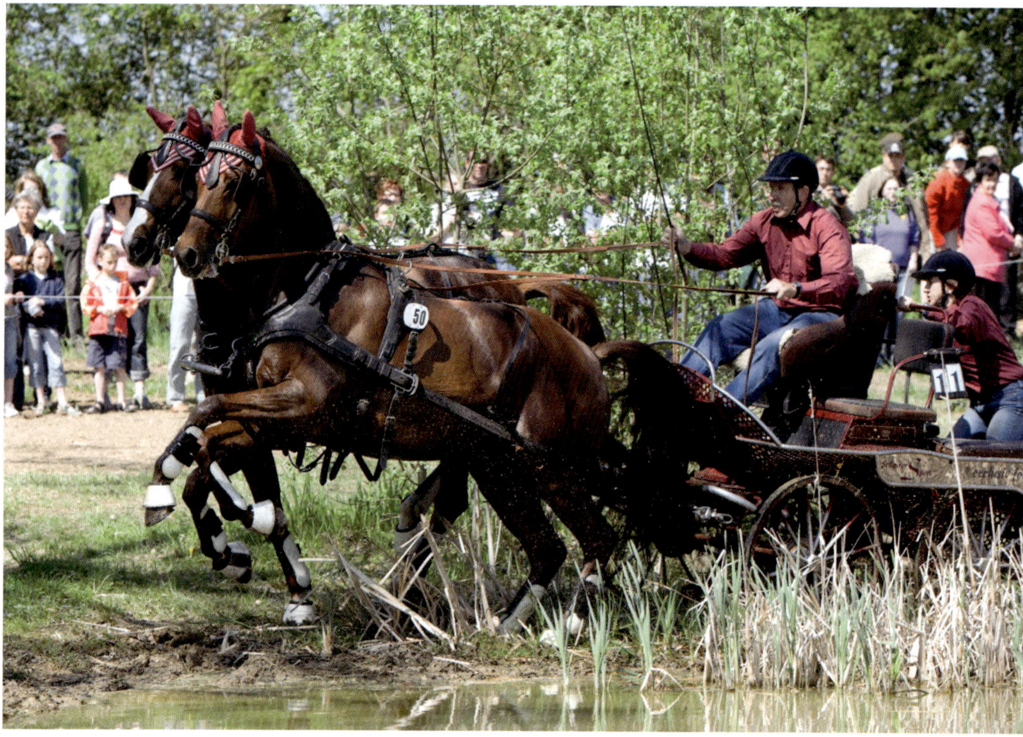

Publikumsmagnet Geländefahren – Spannung pur!

Abwurf der Bälle und für Zeitüberschreitung. Da sind Konzentration und Nerven gefragt!

Die Kombinierte Prüfung – Die Krone des Fahrsports

Diese Prüfung besteht aus den drei Teilprüfungen Dressur, Gelände und Hindernisfahren. Sieger ist, wer am wenigsten Strafpunkte aus den drei Teilprüfungen mitgenommen hat. Zwischen den Prüfungen müssen vorgegebene Ruhezeiten eingehalten werden. Die Pferde werden vom Tierarzt einer strengen Kontrolle unterzogen, um angeschlagene, lahmende oder verletzte Tiere auszusondern.

Ganz schön facettenreich, das Fahren. Jetzt liegt es an Ihnen, welche Richtung Sie einschlagen möchten. Es gibt viel zu entdecken.

Das Schöne am Fahren ist, dass Jung und Alt mit dem Pferd Spaß haben können. Kinder können genauso Fahren lernen wie Erwachsene und ältere Menschen. Selbst mit körperlicher Einschränkung ist Fahren mit Pferden möglich.

2 Das passende Pferd oder Pony

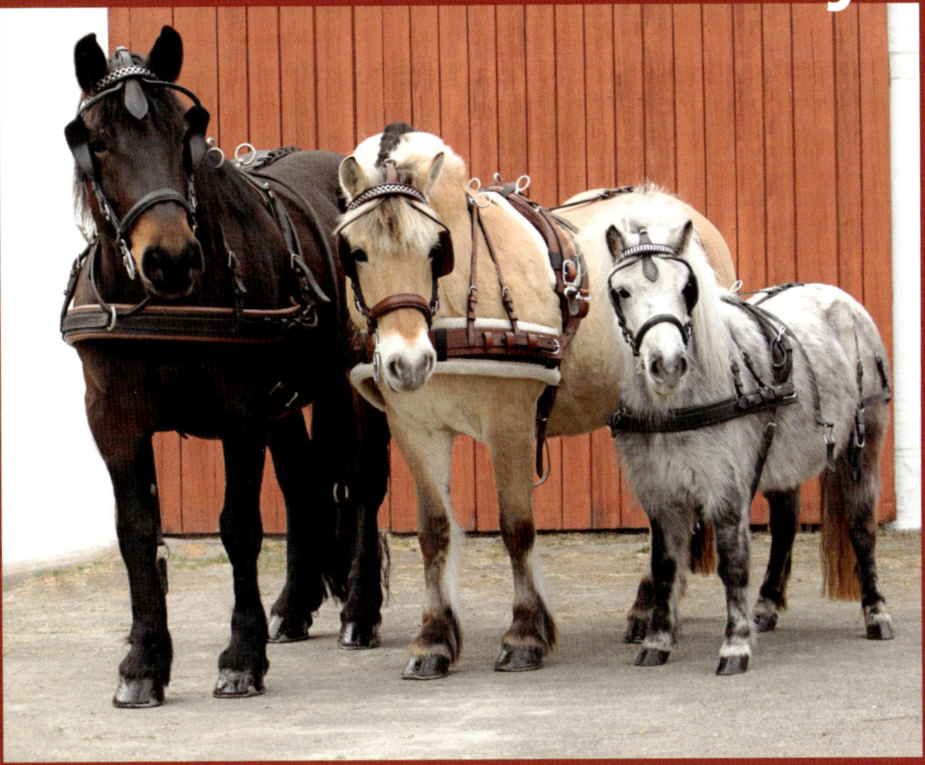

2. Das passende Pferd oder Pony

Eignung und Grundeigenschaften der Pferde

Eigentlich eignen sich alle Pferde- und Ponyrassen zum Fahren. Im Vorfeld sollte man sich allerdings überlegen, was man als angehender Fahrer mit dem Pferd oder Pony vorhat. Will man die nächste Distanzfahrt gewinnen, dann kauft man sich besser kein schweres Kaltblut und auch kein kleines Shetland-Pony. Genauso wenig sollte man sich für entspannte Wanderfahrten ein hochsensibles, blutgeprägtes Pferd zulegen. Wenn das Pferd entgegen seiner Veranlagung arbeiten soll, bleibt für beide Parteien – Fahrer und Pferd – der Spaß auf der Strecke.

Geschmäcker sind verschieden und so liegt es an jedem selbst, für welche Rasse man sich entscheidet. Klar ist, dass das spätere Fahrpferd über gewisse Grundeigenschaften verfügen sollte. Das zukünftige Fahrpferd für den Freizeitfahrer sollte vom Interieur, also von seinem »Inneren«, seinem Charakter her, eine gewisse Gelassenheit an den Tag legen, dabei Gehfreude und Arbeitseifer zeigen. Das Pferd sollte kooperieren und mitarbeiten, sich sozusagen »anbieten«. Widersetzliche, ängstliche und auch hektische Pferde sind eher ungeeignet. Die gleichen Kriterien gelten natürlich auch für Ponys.

Zum Exterieur, dem äußeren Erscheinungsbild, ist zu sagen, dass das Fahrpferd sich von den Kriterien eines Reitpferdes nicht sonderlich unterscheidet. Das Pferd sollte eine schöne geschwungene Oberlinie, dazu eine schräge Schulter mit einem gut angesetzten Hals haben. Eine breite Brust ist vorteilhaft, weil sie ausreichend Platz fürs Geschirr und somit dem Pferd mehr Komfort beim Ziehen bietet. Ein ausgeprägter Widerrist trägt ebenfalls zum guten Sitz des Geschirres bei. Die Hinterhand sollte für eine optimale Schubkraft gut bemuskelt sein. Die korrekte Stellung der Gliedmaßen ist sehr wichtig, um das Pferd bis ins hohe Alter gesund zu erhalten. Stellungsfehler begünstigen einen frühzeitigen Verschleiß. Die Hufe und ihre Hornqualität müssen gut sein, da Fahrpferde viel auf harten Böden und Asphalt gehen müssen.

Norweger sind tolle Freizeitpferde und gut im Fahrsport unterwegs.

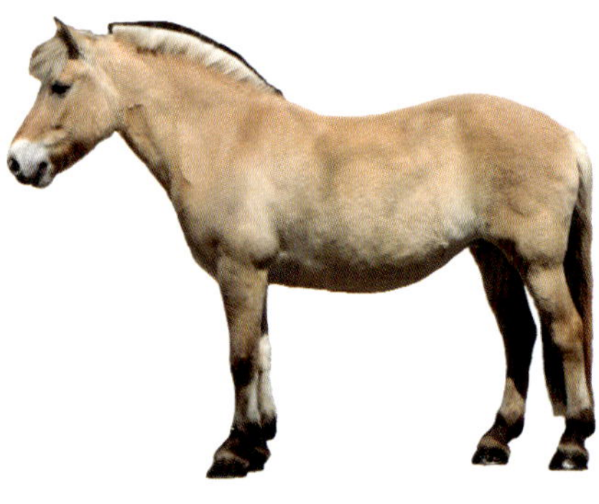

Deutsches Reitpferd mit Allround-Talent – hier unsere Württemberger Stute Royal Mave.

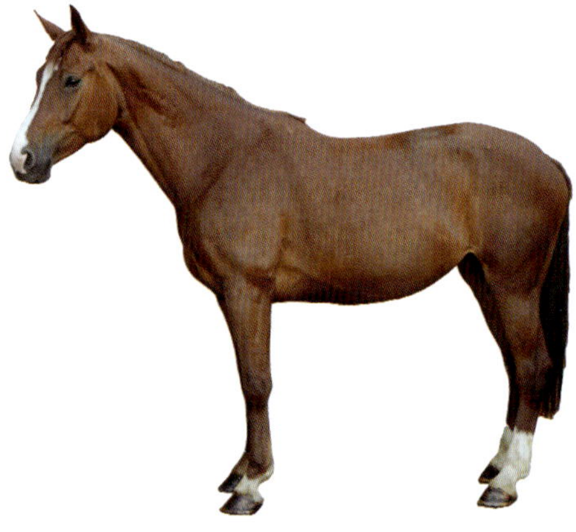

Das wären sie nun, die gewünschten Eigenschaften unseres Fahrpferdes. Jedoch, wie wir alle wissen, sind Pferde nicht perfekt. Der ein oder andere hat vielleicht schon sein Pferd im Stall stehen, sodass man nimmt, »was man eben hat«. Und das ist auch gut so. Miteinander ist die Devise! Denn das Pferd soll zu unserem Freund und Partner werden. Gegenseitiges Vertrauen und Zuneigung stehen ganz weit oben auf der Eignungsskala.

Der Weg zum sicheren Fahrpferd

In Kurzform möchte ich den Ausbildungsweg eines angehenden Fahrpferdes beschreiben. Es hört sich zwar zunächst recht einfach an, ein Pferd einzufahren, doch aus Erfahrung will ich den Rat geben, dass dies von erfahrenen Fachleuten durchgeführt werden sollte. Fehler, die während der Ausbildung passieren, sind meist nur schwer wieder zu korrigieren!

Basisarbeit

Die Ausbildung beginnt wie bei einem Reitpferd. Es muss Vertrauen zum Menschen bzw. dem Ausbilder aufgebaut werden. Es folgt die Gewöhnung an die Ausrüstungsgegenstände, erst Trense, Longiergurt und Longe, später auch zum Zwecke der Fahrausbildung die Gewöhnung an die Doppellonge. Natürlich ist es immer von Vorteil, wenn das Pferd schon geritten ist. Meist ist ein an Reiter gewöhntes Pferd williger und ruhiger beim Einfahren.

Das Longieren und die Gewöhnung an das Geschirr

Die Ausbildung des Fahrpferdes wird wesentlich erleichtert, wenn ein geeigneter Longierzirkel mit ebenem Boden vorhanden ist, damit das Pferd im Takt gehen kann. Wichtig ist, dass das Pferd lernt, auf Stimme zu hören und auf die Kommandos zu reagieren. Es sei auch gesagt, dass gerade beim Fahrpferd der Name des Pferdes immer wieder wiederholt werden sollte, damit es vor dem Wagen direkt angesprochen werden kann, falls man mal zweispännig unterwegs ist.

In der Zeit, in der man die ersten Schritte an der Longe unternimmt, kann man das Pferd im Stall bereits an verschiedene Geschirrteile gewöhnen. Hierbei ist wichtig, dass mit größter Sorgfalt und

Ponys sind im Verhältnis zu ihrer Größe recht stark und meist arbeitswillig – Fahrspaß pur!

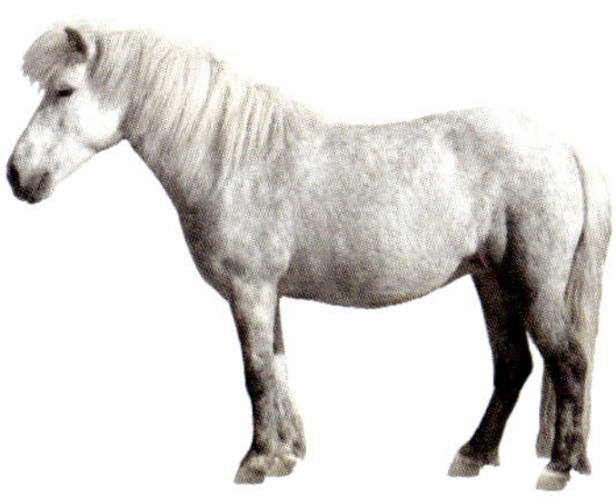

Die ruhigen und ausgeglichenen Kaltblutpferde erleben ihre Renaissance im Freizeitfahren.

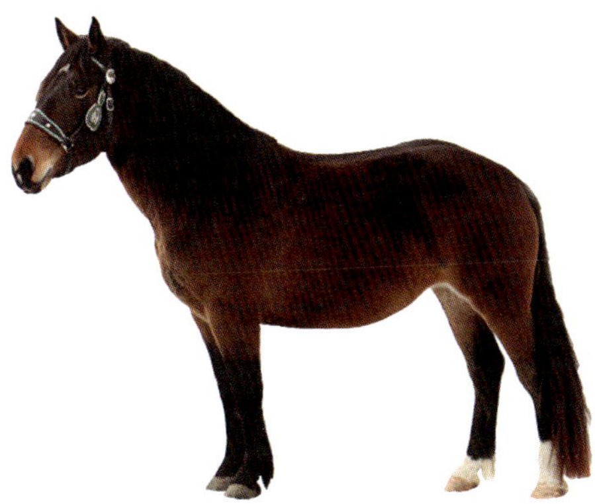

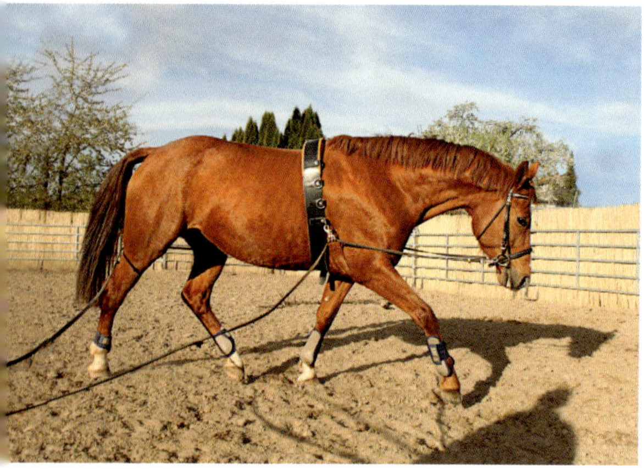

Vorbereitung zum Fahren mit der Doppellonge.

Vorsicht vorgegangen wird. Der Kammdeckel oder das Selett sollten keine Schwierigkeit darstellen, da das Pferd schon den Longiergurt kennt. Mit dem Schweifriemen aber muss man behutsam vorgehen. Das Beste ist es, einen Schweifriemen zu verwenden, der sich öffnen lässt, um Pferden, die gerne den Schweif einklemmen, besser und schneller beizukommen. Dann kann man das Pferd mit dem Schweifriemen eine Weile stehen lassen, damit es sich an den Fremdkörper unter der Schweifrübe gewöhnt. Bleibt es gelassen, wird das Pferd damit geführt. Am Folgetag kann man das Pferd zur Gewöhnung mit Kammdeckel und Schweifriemen longieren. So fährt man weiter fort, bis das Pferd sich mit dem kompletten Geschirr, ausgenommen dem Kopfstück (dies bedarf besonderer Gewöhnung wegen der Einschränkung des Sichtfelds), ruhig und losgelassen in allen drei Gangarten auf beiden Händen longieren lässt. Die Gewöhnung an das Geschirr dauert in der Regel nur ein paar Tage, sofern der Ausbilder mit der nötigen Ruhe und Geduld an die Sache herangeht.

Merke:

Ohne Vorbereitung mit der Doppellonge sollte niemals eingespannt werden!

Danach beginnt die Arbeit mit der Doppellonge. Diese bereitet das Pferd auf die Leinenhilfen vor. Außerdem gewöhnt sich das Pferd an die Berührungen der Hinterhand durch die äußere Longe, an deren Stelle später die Zugstränge laufen. Ist die Arbeit mit Doppellonge und Geschirr auf beiden Händen gefestigt, kann man zum nächsten Schritt übergehen. Wie lange der Zeitraum der Longenarbeit dauert, hängt vom Auffassungsvermögen des einzelnen Pferdes ab.

Gewöhnung an das Kopfstück mit Klappen

Pferde haben fast einen Rundumblick, der durch das Tragen der Klappen am Kopfstück enorm eingeschränkt wird. Um das Pferd an dieses neue Sichtfeld zu gewöhnen, darf das Kopfstück bei den ersten Übungen nicht zu lange aufgelegt werden. Das heißt, wir steigern langsam die Zeiten von zunächst 10 auf 20, später auf 30 Minuten und danach auch länger, um die Reaktionen des Pferdes zu beobachten und dem Pferd genügend Zeit zu geben, sich mit den neuen Umständen abzufinden. Oftmals sind Pferde zu Beginn etwas irritiert, da sie plötzlich den »Menschen an ihrer Seite« nicht mehr sehen können, und versuchen sich deshalb umzudrehen. Da hilft nur ruhiges Zureden und vorsichtiges Nachtreiben mit der Peitsche. Meist verstehen die Pferde recht schnell,

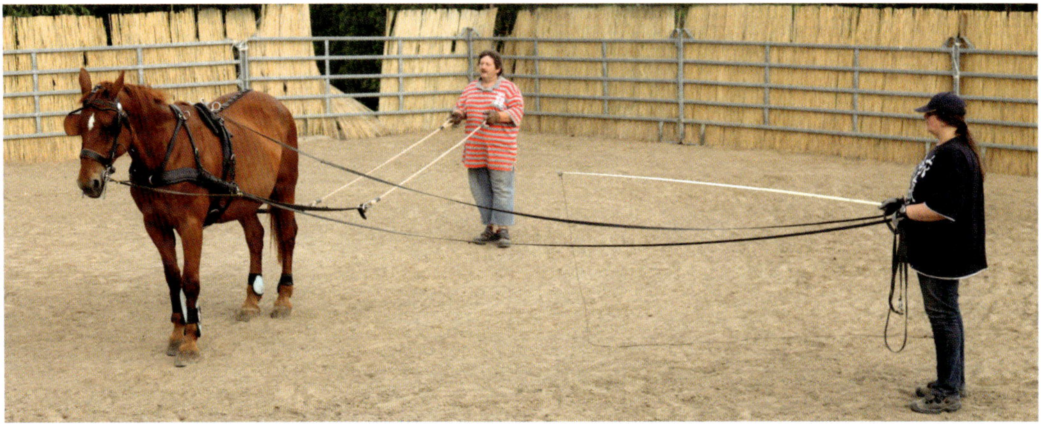

Gewöhnung an den Zug mit Mensch im Schlepptau.

was wir von ihnen wollen. In ganz seltenen Fällen bekommen Pferde Probleme mit der Orientierung oder dem Gleichgewicht. Dafür gibt es im Fachhandel auch Kopfstücke mit so genannten »halben Klappen«, die die Sicht zur Seite zulassen und nur direkt nach hinten zum Fahrer hin einschränken, damit dieser immer noch die Möglichkeit hat, individuelle Peitschenhilfen zu geben.

Gewöhnung an den Zug

Es gibt mehrere Möglichkeiten, mit der Ausbildung fortzufahren. Die eine wäre, nachdem das Pferd ausgiebig an der Doppellonge gearbeitet wurde, die Zugstränge von einem Helfer in genügend weitem Abstand in die Hand nehmen zu lassen, um dem Pferd einen leichten Druck auf die Brust zu geben. Nimmt das Pferd den Druck an, so kann man ihn im Verlauf der Übung verstärken. Man sollte dabei aber keine Widersetzlichkeit aufkommen lassen. Bleibt das Pferd ruhig, so kann man es mit den Strängen an der Hinterhand berühren. Dies sollte man erst auf der Geraden und später auch in Wendungen durchführen. Ist diese Arbeit gefestigt, sollte man versuchen, kurzzeitig auch einen Zugstrang zwischen die Hinterbeine zu führen, damit das Pferd, sollte es an der Kutsche über die Stränge treten, nicht gleich in Panik gerät.

Alternativ wählen manche Ausbilder den Zug an der Schleppe. Dabei wird dem Pferd ein Schleppbalken in ausreichendem Abstand zur Hinterhand angehängt. Es ist wichtig, dass Patenthaken angebracht werden, um die Balkenverbindung schnell lösen zu können, falls das Pferd in Panik gerät. Beim Zug an der Schleppe sollte ein Helfer das Pferd führen, während der Longenführer hinter dem Pferd bleibt. Das Pferd sollte wiederum erst auf geraden Linien und anschließend auf großen gebogenen Linien daran gewöhnt werden, dass die Stränge die Hinterhand berühren.

Bleibt das Pferd bei all diesen Übungen ruhig und gelassen, können wir den nächsten Schritt in Angriff nehmen – die Ausbildung vor dem Wagen.

Ausbildung vor dem Wagen

Für diesen Ausbildungsschritt gibt es mehrere Methoden, die ihre Vor- und Nachteile haben.

Einfahren im Einspänner

Nachdem das Pferd an das erste Ziehen gewöhnt ist, wird es, sofern es einspännig eingefahren wird, in Ruhe eingespannt. Außer dem Fahrer sollten noch zwei Helfer vor Ort sein: ein Helfer, der das nötige Gewicht auf die Hinterachse bringt und ein weiterer, der das Pferd, mit einer eingeschnallten Longe ausgestattet, erst einmal anführt. Der Fahrer nimmt auf dem Bock Platz, während der Helfer bei dem Pferd seitlich in Höhe der Schulter bleibt und es immer wieder mit viel Lob beruhigt. Bleibt das Pferd während des Führens ruhig und gelassen, kann der Helfer sich langsam zurückfallen lassen und gegebenenfalls auf dem Wagen hinten Platz nehmen, die Longe bleibt dabei in der Hand!

Risikoloser ist das Einfahren im Zweispänner mit einem erfahrenen und sicheren Lehrpferd.

Einfahren im Zweispänner

Hierbei sollte ein leicht rollender Wagen verwendet werden. Am besten sollte der Wagen auch nicht zu niedrig sein, um dem Fahrer mehr Überblick und Sicherheit zu geben. Er muss mit einer festen Bracke ausgestattet sein, um Einfluss auf die Arbeitseinteilung der Pferde nehmen zu können. Aus Sicherheitsgründen für den Fahrer, der sonst durch eventuelles Ausschlagen des Pferdes gefährdet würde, sollte das junge Pferd erst einmal links eingespannt werden. Bei der späteren Ausbildung spannt man das junge Pferd dann rechts ein, um es vom Verkehr fern zu halten. Beim ersten Einspannen sollten auch bei dieser Variante mindestens zwei Helfer dabei sein. Das Lehrpferd steht am besten schon angespannt am Wagen.

Einfahren im Einspänner

Vorteil: *Das junge Pferd lernt gleich von Anfang an zu ziehen.*

Nachteil: *Gerät das Pferd trotz guter Vorarbeit in Panik, kann das schlimm ausgehen. Sind erst einmal schlechte Erfahrungen beim ersten Fahren gemacht, kann es schwer werden, aus diesem Pferd je ein verlässliches Fahrpferd zu machen.*

Einfahren im Zweispänner

Vorteil: *Das junge Pferd kann sich am Nachbarpferd orientieren. Hier ist von größter Wichtigkeit, dass dieses Lehrpferd ein gut ausgebildetes, ausgeglichenes und sicher gehendes Pferd ist. Wird dem jungen Pferd die nötige Ruhe vermittelt, wird es bald gelassen vor dem Wagen gehen.*

Nachteil: *Junge Pferde kommen meist nicht zum Ziehen, wobei dies zu Anfang noch nicht so wichtig ist. Dieses Manko kann man einfach beheben, indem man das Pferd später im Einspänner fährt.*

Das junge Pferd wird von hinten an die Deichsel herangeführt. Angespannt wird zwar in der Reihenfolge nach Achenbach, jedoch finde ich es sicherer, zuerst den Innenstrang und erst danach den Außenstrang zu befestigen, da man nie weiß, wie das Pferd auf die neue Situation reagiert. Das Anfahren erfolgt nach halbrechts, sodass das

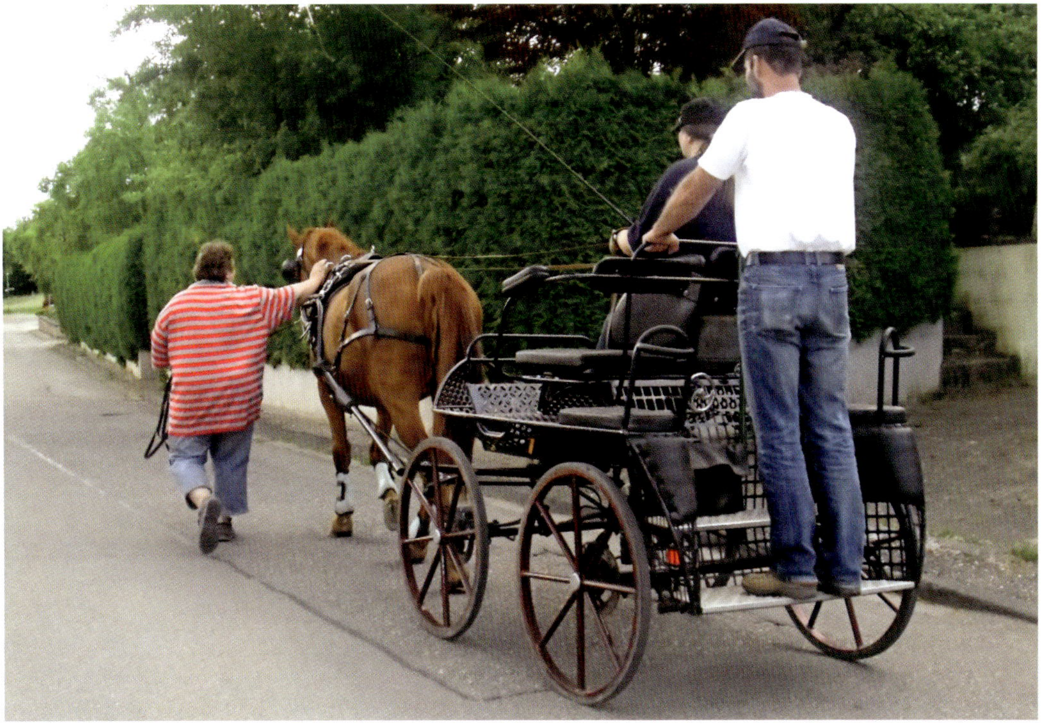

Das erste Anspannen erfolgt immer mit genügend Helfern, die im Notfall wissen was zu tun ist.

Lehrpferd die Anzugsarbeit übernimmt und das junge Pferd nur »mitgenommen« wird. Ein Helfer sollte am Kopf des jungen Pferdes wiederum mit eingeschnallter Longe mitgehen und es während der ersten Schritte lobend beruhigen. Bleibt das Pferd gelassen, kann der Helfer sich wieder, die Longe dabei verlängernd, zurückfallen lassen und hinten auf dem Wagen Platz nehmen.

Ich möchte erwähnen, dass die ersten Fahrübungen nicht zu lange ausgedehnt werden sollen, da das Pferd sich erst an den Druck des Geschirres in Folge des Zuges gewöhnen muss. Deshalb sollten auch die beanspruchten Stellen nach Abnahme des Geschirrs sorgfältig abgewaschen und gekühlt werden. Mein Tipp: Kaltes Wasser mit einem Schuss Essig.

Grundsätzlich lassen sich nach guter und gründlicher Vorbereitung so gut wie alle Pferde und Ponys fahren. Ausnahmen bestätigen die Regel, sodass es natürlich immer mal wieder einen Vertreter der Rasse Pferd gibt, der sich mit dem Wagen nicht anfreunden kann. Schade …
Als schade empfinde ich das deshalb, weil Fahren eine tolle Abwechslung für Pferde ist. Sie können ohne Reitergewicht frisch vorwärts gehen, sich sozusagen »den Kopf frei machen«. Zudem be-

kommen sie dabei enorme Kraft in der Hinterhand, die sich positiv auf das Reiten auswirkt und die in allen Sparten der Reiterei gebraucht wird. Zum Beispiel brauchen Springpferde Kraft in der Hinterhand, um sich beim Absprung abdrücken zu können. Dressurpferde brauchen sie, um die Tragkraft zu entwickeln und um sich besser versammeln zu können, Westernpferde ebenso. Außerdem noch ein ganz wichtiger Punkt: Die Pferde machen es gerne! Eine Fahrschülerin sagte mal zu mir, dass sie bei ihrem Pferd einen Unterschied im Verhalten spürt, ob sie mit dem Geschirr, oder mit dem Sattel ankommt. Mit dem Geschirr sei ihr Pferd wesentlich erfreuter. Man höre und staune!

Ein fertiges Fahrpferd kaufen

Häufig werden Pferde in Zeitungen oder Internet-Plattformen angeboten. Sollte ein Pferd Ihnen gefallen, so erkundigen Sie sich schon beim ersten Anruf über Größe, Alter, Charakter, Gesundheit, das Verhalten im Stall und im Umgang. Ist das Pferd schmiede- und verladefromm? Wie sind die Eigenschaften beim Fahren? Ist das Pferd verkehrssicher? Geht es einspännig? Auch zweispännig? Wie wurde es gefahren? In der Freizeit? Oder ist es gar ein Turnier-Crack? Hier sollten Sie als Anfänger aufpassen. Nicht jedes Leistungspferd lässt sich nach seiner turniersportlichen Karriere entspannt fahren. Meist sind diese Pferde eher für erfahrenere Fahrer geeignet. Fragen Sie, aus welchen Gründen das Pferd verkauft wird und ob es Unarten oder sonstige Mängel aufweist. Dieses Vorgespräch gibt sicherlich schon einige Aufschlüsse darüber, ob das ausgesuchte Pferd überhaupt Ihren Vorstellungen entspricht. Falls ja, dann auf zum Anschauungstermin – natürlich mit Probefahrt!

Der erste Eindruck muss stimmen. Lassen Sie dabei auch nicht den Verkäufer außer Acht. Wie geht er mit dem Pferd um? Was für ein Verhältnis hat er zu dem Tier? Wie verhält sich das Pferd? Schaut es offen, interessiert und freundlich? Kommt es näher, oder läuft es vor seinem Besitzer weg? Lässt es sich aufhalftern? Steht es ruhig beim Anbinden? Wie reagiert es beim Putzen? Gibt es die Hufe? Wie sehen Hufe oder etwaiger Beschlag aus?

Stellen Sie das Pferd auf einen ebenen Boden und schauen Sie sich die Beinstellung und das gesamte Pferd an. Sollte es Narben oder Verletzungen aufweisen, erkundigen Sie sich nach deren Ursachen. Sieht es kränklich aus – Finger weg! Aber auch ein gesunder Eindruck kann täuschen, deshalb sollte beim Pferdekauf immer ein Tierarzt Ihres Vertrauens eine Ankaufsuntersuchung vornehmen.

Lassen Sie sich das Pferd alleine vom Stall wegführen, um zu sehen ob es klebt, sich also nicht vom Stall und seinen Kameraden lösen möchte, oder ob es unruhig wird, sobald es alleine unterwegs ist. Treten Probleme auf, so ist dieses Pferd als Einspännerfahrpferd eher ungeeignet. Lassen Sie sich das Pferd an der Hand vortraben. Geht es fleißig vorwärts und zeigt taktreine Bewegungen? Ist es wohlerzogen und lässt sich gut an der Hand traben und problemlos zum Halten durchparieren? Vorsicht, wenn das Pferd sich hinterher ziehen oder gar nicht mehr richtig kontrollieren lässt. Achten Sie auch auf Gangunreinheiten, wie z.B. Greifen, also wenn es mit den Hinterbeinen die Vorderhufe erfasst. Ein weiteres Beispiel ist das Bügeln. Das heißt, die Vorderbeine schwingen nicht geradeaus nach vorne, sondern in einem Bogen zur Seite. Bei den meisten Pferderassen gilt

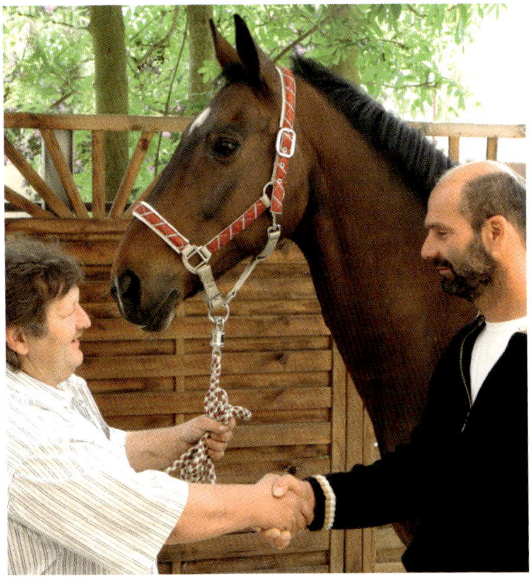

Pferdekauf ist nicht nur Vertrauenssache.

dies als Fehler, bei anderen ist es sogar erwünscht. Bei solchen Auffälligkeiten können Sie mit dem Tierarzt klären, inwieweit diese das Pferd beeinträchtigen könnten.

So weit, so gut? Dann lassen Sie sich nun vom Besitzer das Pferd aufschirren, anspannen und vorfahren. Achten Sie auf die Reaktionen des Pferdes. Lässt es sich problemlos das Geschirr anlegen? Steht es ruhig beim Anspannen? Bleibt es stehen, wenn der Fahrer aufgestiegen ist und der Beifahrer sich entfernt, oder wird es unruhig und trabt gleich los? Wie verhält es sich beim Ziehen? Ist es fleißig und gern bei der Sache? Oder eher unwillig?

Nur so bekommen Sie einen ersten Eindruck und können sehen, ob das angebotene Fahrpferd für Sie interessant genug ist und es wert ist, die Leinen mal selbst in die Hand zu nehmen. Ist Ihnen etwas nicht geheuer, brechen Sie das Ganze ab und versuchen Sie es erst gar nicht. Man muss sich nicht unnötig in Gefahr bringen. Sollten Sie aber »probefahren« wollen, so fahren Sie nicht nur draußen in der Natur, sondern fahren Sie ruhig mal in den nächstgelegenen Ort und achten Sie auf die Reaktionen des Pferdes.
Nun zu Ihnen: Wie ist Ihr Fahrgefühl? Fühlen Sie sich sicher? Haben Sie das Pferd »im Griff«? Lässt es sich fein fahren? Kommen Sie mit den Hilfen durch?

Ist der Probetermin zu Ihrer Zufriedenheit abgelaufen, so denken Sie daran, das Pferd ist ein Lebewesen und sicherlich nicht vollkommen. Es wird Schwächen und Stärken haben, mit manchem können Sie leben und mit manchem nicht. Wägen Sie ab und überlegen Sie gründlich, inwieweit Ihnen das Pferd zusagt. Es soll Ihr Partner werden!

Haben Sie sich dazu entschlossen, das Pferd zu kaufen, so sollten Sie eine tierärztliche Ankaufsuntersuchung durchführen lassen. Erst wenn der Tierarzt die Gesundheit des Pferdes bestätigt hat, sollten Sie den Kaufvertrag unterschreiben. Verzichten Sie nicht auf eine Untersuchung, um Kosten zu sparen. Oft weiß selbst der Verkäufer nicht um gesundheitliche Probleme, die vielleicht später erst auftreten können. Sicher ist, eine spätere Behandlung käme gewiss teurer als eine vorbeugende Untersuchung.

Ausrüstung des Pferdes

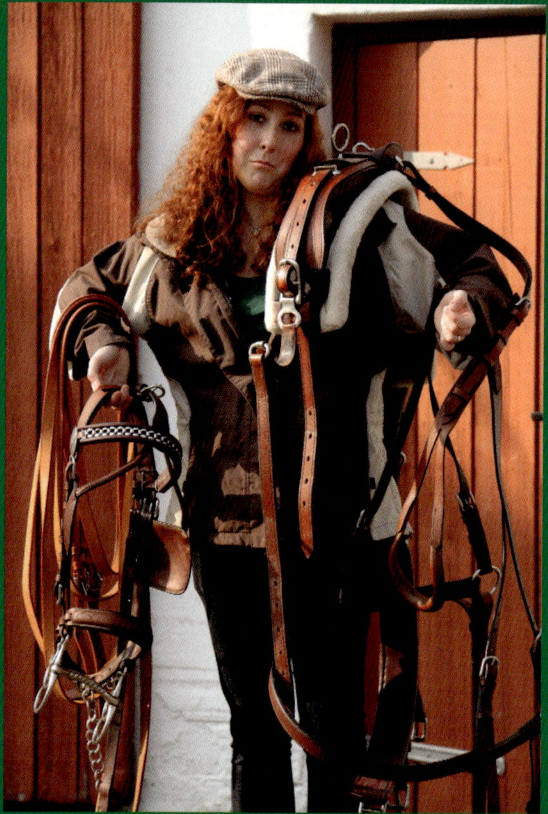

3

3. Ausrüstung des Pferdes

Geschirre und ihre Verwendung

Brustblatt- und Kumtgeschirr zählen heutzutage zu den gängigsten Geschirrarten. Ab und an sieht man auch das Marathonkumt, seltener noch das landwirtschaftliche Arbeitskumt. Im Folgenden wird veranschaulicht, wie sich diese Geschirre unterscheiden.

Das Brustblatt

Das Brustblattgeschirr ist die gängigste Geschirrart im Freizeitbereich. Im Fachhandel findet man Geschirre in diversen Qualitäten und Materialien und in unterschiedlichen Größen vom Mini-Shetty bis zum Kaltblut. Brustblattgeschirre werden überwiegend aus Leder gefertigt, wobei heutzutage vereinzelt auch Kunststoffgeschirre angeboten werden. Der Vorteil eines Brustblattgeschirres liegt darin, dass es sich gut auf unterschiedliche Pferde einstellen lässt und preisgünstiger ist als Kumtgeschirre. Gute Brustblattgeschirre bekommt man im Fachhandel zurzeit ab 600 € für Einspänner und ab 900 € für Zweispänner.

Zugübertragung: Pferde ziehen über die Brust. Ein Brustblatt ist von seiner Beschaffenheit flexibel, hat also keine feste Form wie ein Kumt. Zieht das Pferd, so wird es im Brustbereich etwas eingeengt. Das angehängte Gewicht darf deshalb nicht allzu schwer sein. Somit ist das Brustblattgeschirr eher für leichtere Kutschen, Flachland und leichtes Hügelland geeignet.

Das englische Kumt

Ein englisches Kumt – manchmal auch Kummet genannt – hat, um gut auf dem Pferd zu liegen, die Form einer Birne. Ein Kumt wird meist auf Maß gefertigt. Es muss dem Pferd zu hundert Prozent

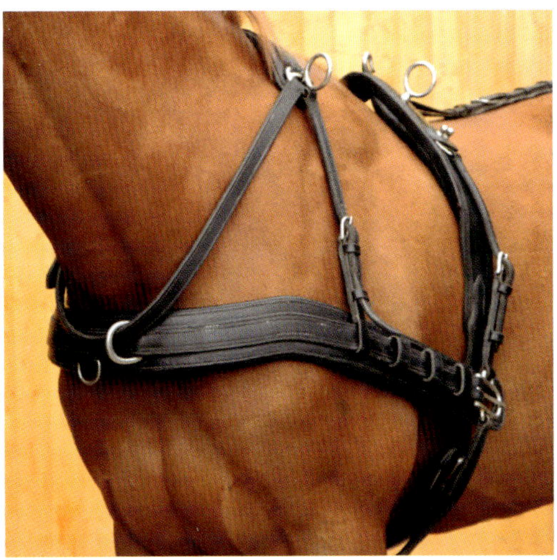

Das Brustblatt – hier anatomisch geformt für den Zweispänner – lässt sich gut auf verschiedene Pferde anpassen.

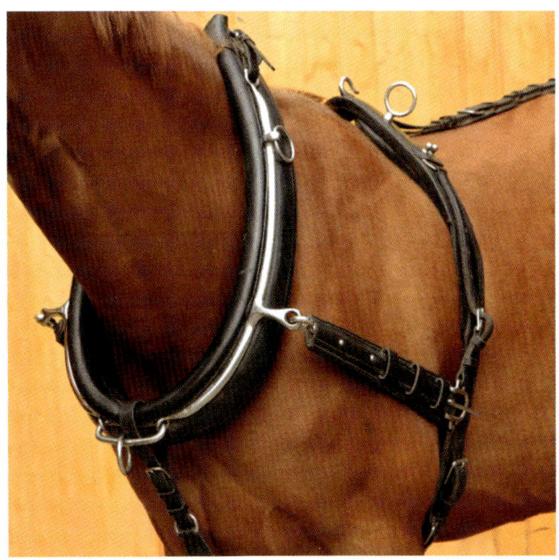

Das Kumt – muss passen, ohne Wenn und Aber!

passen, da es nicht verstellbar ist. Ein gutes Kumt ist mit Langstroh gefüllt, mit Rehhaar gepolstert und hat einen Edelstahlkumtbügel. Es gibt auch Kumte »von der Stange«. Hierbei handelt es sich um Importware, die einen Kunstschaumkern hat, mit Wollfilz abgepolstert und mit Leder bezogen ist. Solche Kumte gibt es in Standardgrößen. Wenn man Glück hat, ist vielleicht auch da mal ein passendes dabei. Jungen oder untrainierten Pferden sollte man erst ein Kumt anfertigen lassen, wenn das Wachstum abgeschlossen ist. Kumtgeschirre »von der Stange« werden für den Einspänner ab 900 € und für den Zweispänner ab 1400 € angeboten. Maßanfertigungen sind deutlich teurer.

Zugübertragung: Die Pferde ziehen mit der Schulter. Dadurch, dass das Kumt eine feste Form besitzt und gleichmäßig auf den kräftigen Schultern aufliegt, ist es für die Pferde sehr angenehm, da sich der Zug schonend überträgt. Zudem bleiben Luftröhre und Buggelenk frei. Das Kumt ist somit für alle Kutschen und Geländeformen geeignet.

Das Marathonkumt

Das Marathonkumt ist eine Mischung aus Brustblatt und Kumt. Es hat im Gegensatz zum Kumt keinen festen Kern und besteht lediglich aus zwei dicken Lederlagen. Es ist geringfügig verstellbar. Diese Geschirrart hat sich jedoch nicht durchgesetzt. In Fahrerkreisen ist die Rede davon, dass beim Marathonkumt zu viel Leder am Pferd sei und sich dadurch unter dem Geschirr ein erhöhter Hitzestau bildet. Marathonkumt-Geschirre für Einspänner kosten ab 800 €, für Zweispänner ab 1500 €.

Zugübertragung: Die Zugkraft wird auf Brust und Schultern gleichermaßen übertragen. Das Marathonkumt ist somit auch vielseitig einsetzbar.

Das Marathonkumt – eine Mischung aus Brustblatt und Kumt.

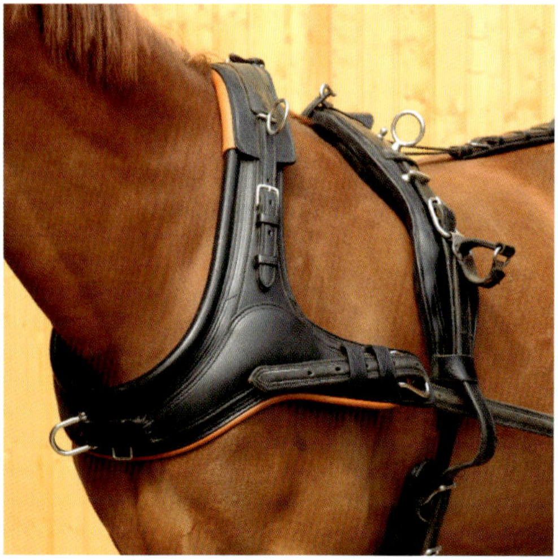

Das Arbeitskumt – hier in Prunkausführung.

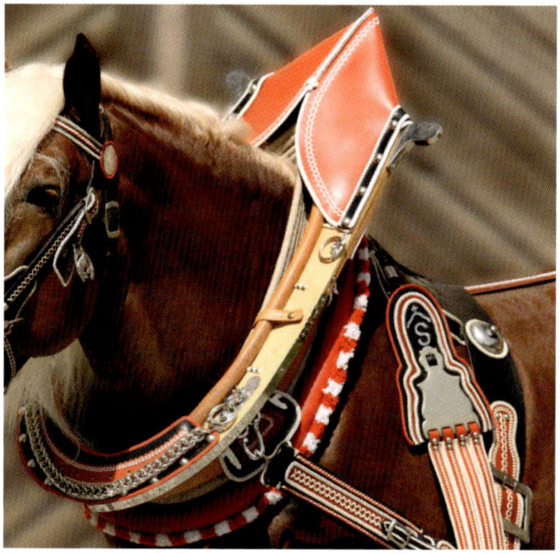

Das Arbeitskumt

Früher, als die Großväter noch mit Pferden unterwegs waren, war diese Art der Anspannung ein gewohntes Bild. Heute sind es Fuhrmänner, gewerbliche Planwagenfahrer und auch vereinzelt Freizeitfahrer, die in landwirtschaftlicher Anspannung unterwegs sind. Ein Arbeitskumt ist vorwiegend für den schweren Zug geeignet und je nach Landesgegend verschieden gearbeitet. Es besteht aus Hartholz, dem sogenannten Kumtholz, welches mit gepolstertem Leder ausgekleidet ist. Unter dieses »Kumtholz« wird immer ein passendes Unterkumt geschoben. Unterkumte bestehen aus Leinen mit Rosshaarpolsterung oder aus Wollfilz. Die Preise für Arbeitskumte liegen beim Einspänner bei 1500 € und beim Zweispänner bei 2600 €.

Zugübertragung: Die Pferde ziehen mit ihren kräftigen Schultern und können somit schwere Lasten bewegen, landwirtschaftliche Geräte ziehen und auch auf unwegsamem Gelände ihre Arbeit verrichten.

Das Einspännergeschirr

Ein ***Einspännergeschirr*** besteht aus einem Kopfstück, einem Einspänner-Brustblatt bzw. -Kumt

Das Einspänner-Brustblattgeschirr. 1) Kopfstück 2) Nackenstück mit Leinenführungsringen 3) Halsriemen 4) Brustblatt 5) Strangschnalle 6) Aufsatzhaken 7) Sättelchen/Selett 8) Fallring 9) Leinenführungsringe 10) Trageriemen 11) Trageöse 12) kleiner Bauchgurt 13) großer Bauchgurt 14) Schweifriemen 15) Schweifmetze 16) Trageriemen 17) Umgang 18) Scherriemen 19) Zugstränge

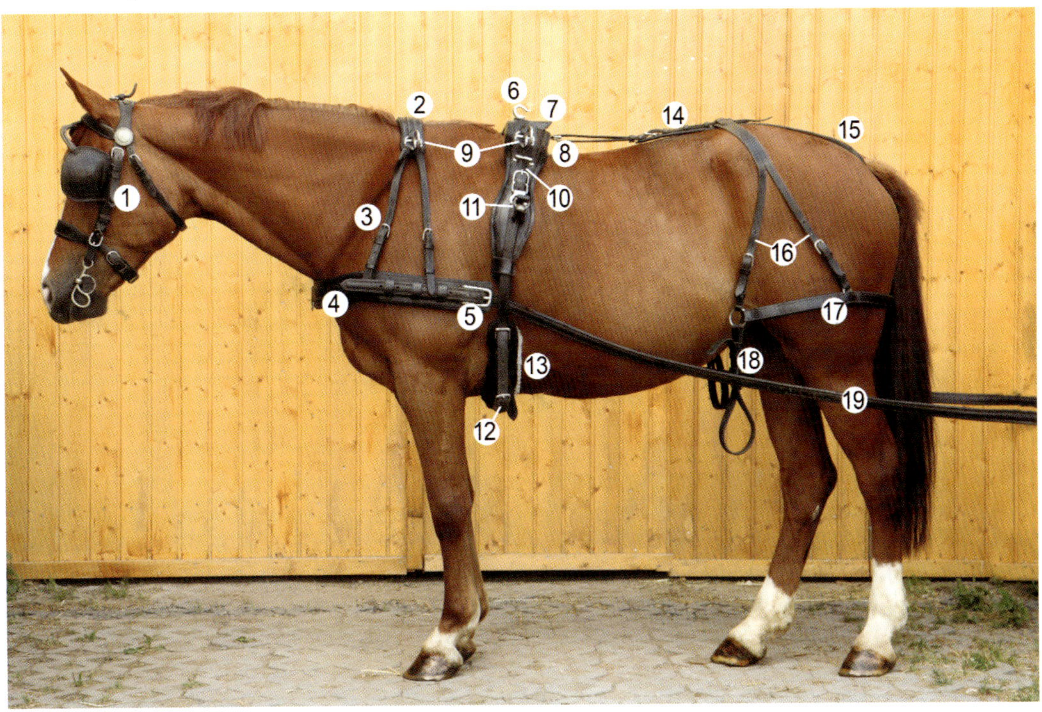

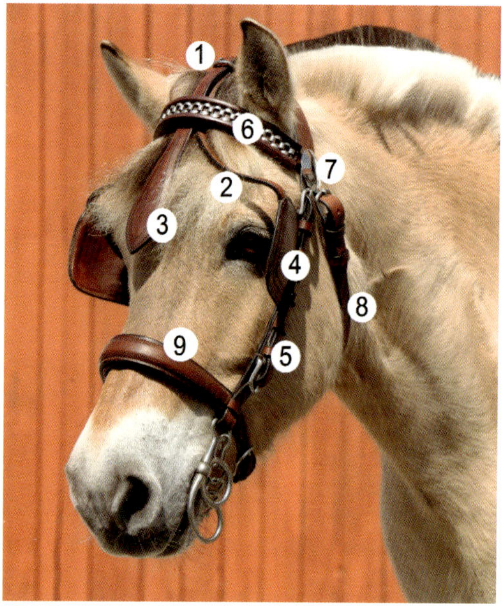

Das Kopfstück: 1) Genickstück mit Blendriemenschnalle 2) Blendriemen 3) Spieler 4) Blendklappen 5) Backenstück 6) Stirnriemen mit Stirnkette 7) Rosette 8) Kehlriemen 9) Nasenriemen

mit Einspänner-Strangstutzen, einem Selett, einem Schweifriemen, zwei Zugsträngen, dem Hintergeschirr und der Einspännerleine.

Das ***Kopfstück*** ist bei Ein- und Zweispänner gleich. Es besteht aus einem Genickstück mit angenähter Blendriemenschnalle, in die die Blendriemen und der Spieler eingeschnallt werden. Der Spieler ist eine rein optische Sache und dient lediglich dazu, die Abzeichen am Kopf etwas zu verdecken, damit sich die Pferde von vorne mehr ähneln. Die Blendriemen sind fest an den Blendklappen angenäht und sollten ein Draht-Inlay haben, damit man die Klappen vom Pferdeauge weg nach außen biegen kann. Die Blendklappen wiederum sind an den Backenstücken angenäht. Die Blendklappen schränken das Sichtfeld des Pferdes ein und fördern somit eine bessere Konzentration auf den Fahrer. Der kann deshalb dem einzelnen Pferd eine individuelle Peitschenhilfe geben, ohne dass diese missverstanden wird. Am Kopfstück befindet sich noch der Stirnriemen, meist mit Stirnkette und seitlichen Rosetten, die den Stirnriemen in seiner Position halten. In früheren Zeiten hat man hier gerne seine Initialen verewigt. Am hinteren Teil des Kopfstückes befindet sich der Kehlriemen, der dazu dient, das Kopfstück am Pferd zu halten. Nicht zu vergessen wäre noch der Nasenriemen, der in der Regel auf einer Seite drei Durchlässe hat. Dank der Durchlässe lässt sich das Kopfstück besser auf die jeweilige Kopfform des Pferdes einstellen. Haben wir zum Beispiel einen Araber mit einem Hechtkopf (konkav), so führen wir das Backenstück durch den ersten Durchlass und verkürzen somit den Umfang des vorderen Teils des Nasenriemens. Hat das Pferd dagegen eine Ramsnase (konvex), so schnallen wir in den dritten Durchlass, um vorne den Nasenriemen zu verlängern. Nur so bleiben auch die Backenstücke parallel am Kopf des Pferdes und schieben sich nicht zum Auge.

Es gibt auch Kopfstücke ohne Blendklappen. Über deren Verwendung scheiden sich die Geister. Wichtig ist, dass man weiß, für was die Klappen überhaupt gut sind, um entscheiden zu können. Es gibt einige gute Gründe, die ich zuvor schon erwähnt habe, die eher dafür sprechen.

Das ***Einspännerbrustblatt*** (siehe Seite 23) ist mit mindestens einem, meist aber zwei Halsriemen ausgestattet, die das Brustblatt in der gewünschten Höhe halten. Es ist deutlich kürzer als ein Zweispännerbrustblatt, da es nicht an das Selett anstoßen darf. Es soll ca. 5 cm vor dem Selett enden. In der Regel ist ein Brustblatt bei Pferden

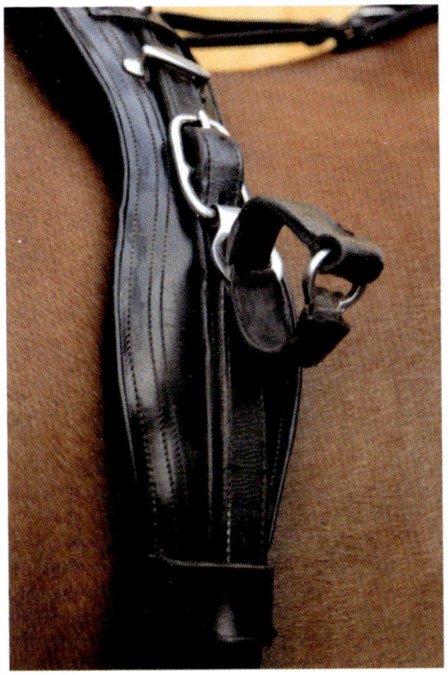

Trageöse: Metall mit festem Trageriemen.

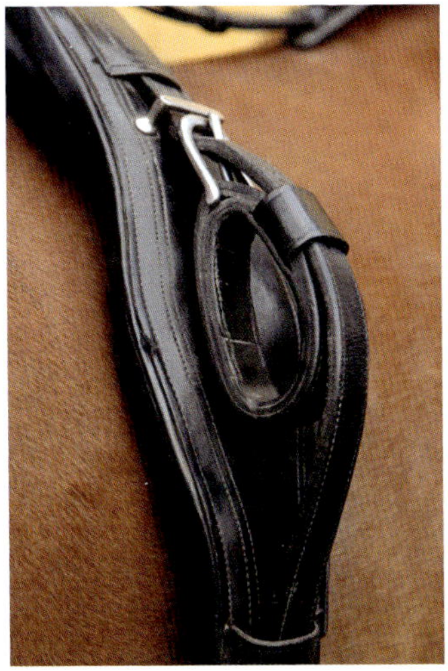

Trageauge: Leder mit beweglichem Trageriemen.

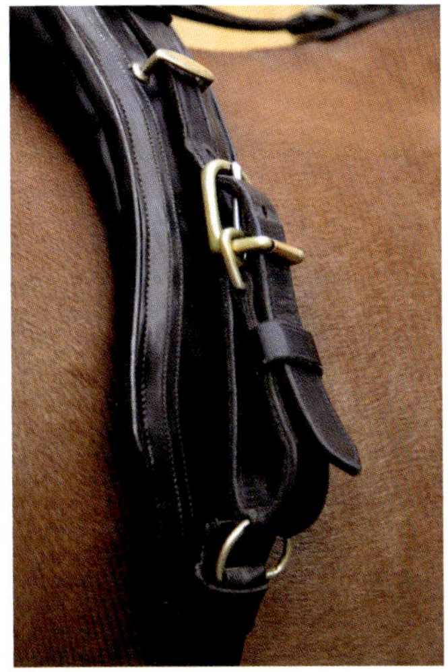

Patent-Trageöse mit beweglichem Trageriemen.

zwischen 8 und 11 cm breit. Nicht zu schmal, damit noch eine gute Auflagefläche gegeben ist und nicht zu breit, weil nur begrenzt Platz zwischen Buggelenk und Halsansatz besteht. Das Brustblatt sollte keine groben Nähte an der Innenseite haben, da diese zu Druckstellen führen können. Sehr gut sind deshalb gefaltete Brustblätter, die innen glatt und nahtlos sind.

Ein Kumt kann man ein- wie auch zweispännig nutzen. Das ***Kumt für den Einspänner*** wird mit kurzen Einspänner-Strangstutzen versehen, die ca. 5 cm vor dem Selett enden. Den Langring am Kumtbügel könnte man durch eine Schlusskette ersetzen. Oben am Kumt befindet sich der Kumtgürtel. Dieser wird so eingeschnallt, dass die Strippe nach rechts zeigt, da man ein einspänniges Pferd wie ein linkes Pferd im Zweispänner behandelt.

Das ***Selett*** sollte stabil und genügend breit gearbeitet sein, damit es gut und gleichmäßig aufliegt. Am Selett befinden sich zwei Leinenführungsringe, ein Aufsatzhaken und ein beweglicher Fallring, der den Schweifriemen hält. Das Selett hat seinen Namen von dem französischen Wort »Sättelchen«, da es in früheren Zeiten eher in der Form eines Sattels gearbeitet war. Je nach Wagentyp gibt es Unterschiede am Selett: Ist die Verbindung mit dem Wagen starr, das heißt, bei einem einachsigen Wagen sind die Scherbäume fest mit dem Wagen verbunden, so muss der Trageriemen am Selett durchgehend – beweglich – sein. Das gilt auch für den losen kleinen Bauchgurt. Genau so verhält es sich bei einem zweiachsigen Wagen, der einspännig mit einer Gabel gefahren wird, bei der die Scherbäume hinten fest miteinander verbunden sind. Warum? Wäre der Tragriemen nicht beweglich, würden alle Schwingungen und Bodenunebenheiten als Schläge auf den Rücken des Pferdes übertragen. Der einachsige Wagen wird zudem noch mit geschlossenen ledernen Trageaugen gefahren, um eine ruhige und sichere Führung zu gewährleisten. Es ist auch möglich, ein Selett mit Patent-Trageösen zu wählen. Dieses findet man ebenfalls in Kombination mit einem beweglichen Trageriemen.

Ist die Verbindung zum Wagen flexibel, das heißt die Scherbäume sind unabhängig voneinander am Wagen angebracht, so wird ein Selett mit festem Trageriemen und metallener, zu öffnender Trageöse und einem fest angenähten kleinen Bauchgurt gewählt, damit eine stabile Führung des Wagens gewährleistet ist. Der feste Trageriemen ist durch mittig angebrachte Leinenführungsringe fixiert, die metallene Trageöse mit Leder ausgekleidet.

Der ***Schweifriemen*** hat oberhalb der Schweifmetze in der Regel keine Schnallen, damit sich Schweifhaare und die Leine nicht darunter verfangen können. Bei jungen Pferden bzw. Pferden in der Ausbildung empfehle ich aber einen Schweifriemen mit Schnallen zu nehmen, da man beim Anlegen des Schweifriemens mit Eingewöhnungsreaktionen rechnen muss und der aufgeschnallte Schweifriemen sich deutlich schneller anlegen lässt. Sicherheit geht vor!
Ein guter Schweifriemen hat eine mit Leinsamen oder Hirse gefüllte Schweifmetze, da dies von innen rückfettend wirkt und die Metze somit geschmeidig hält.

Zugstränge gibt es in diversen Längen, die sich nach Größe der Pferde und Art der Anspannung richten. Sie sind meist 40 mm breit und zur Strangspitze hin fünf Mal oval gelocht. Dies bietet genügend Verschnallmöglichkeiten. Hinten, zum Wagen hin, enden die Stränge in einer eisernen Strangschlaufe mit Aufziehleder. Es gibt aber auch sogenannte Marathon-Zugstränge, die am Ende einen einfachen starken Metallring haben. Diese Stränge werden in Verbindung mit Patent-Schäkeln am Ortscheit befestigt.

Ein ***Hintergeschirr*** ist zwingend notwendig, da das Pferd sonst keine Chance hat, den Wagen aufzuhalten, besser gesagt den Wagen zu bremsen. Fahren ohne Hintergeschirr ist gefährlich und nicht zu empfehlen! Nicht auszudenken, was passieren würde, wenn Bremsen versagen und das Pferd mit dem Wagen in Berührung kommt.

Für das Fahren im Einspänner gibt es zusätzlich einen ***Schlagriemen***, der gerne bei jungen Pferden oder beim Einfahren eingesetzt wird. Der Schlagriemen wird links und rechts am Scherbaum befestigt und läuft über die Kruppe des Pferdes. Er hindert das Pferd am Ausschlagen. Beim Ausschlagen könnte das Pferd sonst mit der Hinterhand über den Scherbaum geraten – eine sehr gefährliche Situation!

Die ***Einspännerleine*** besteht aus Rindsleder und wird immer aus dem Rückenstück geschnitten, da dies der strapazierfähigste Teil ist. Wir unterscheiden eine Haar- und eine Fleischseite. Die Haarseite ist glatt, die Fleischseite rau. Die Leine besteht aus zwei 4,50 m langen Stücken, die vorne jeweils in einem an der Haarseite angenähten Einschnallstück für das Gebiss enden. Hinten haben wir zum Zusammenschnallen eine Schnalle und eine Strupfe. Da es keine Rinder mit 4,50 m langem Rücken gibt, befinden sich an der Leine auf jeder Seite zwei ca. 10 cm lange Ansatzstücke, auch Nahtstücke genannt. Diese sollen sich im mittleren Teil der Leine befinden, damit sie uns zum einem nicht im Handstück stören, zum anderen die Leine am Durchgleiten in den Leinenführungsringen nicht behindern. Leinen sind aus braunem Naturleder und sollten nie eingefärbt sein, damit sie nicht abfärben. Zudem sieht man auf einer naturfarbenen Leine Beschädigungen und Risse besser. Die Breite der Leine liegt in der Regel bei 27 mm, jedoch gibt es heutzutage sogenannte »Damenleinen«, die nur noch 22 mm breit sind. Bei Ponys sind die Leinen kürzer.

Das Zweispännergeschirr

Ein ***Zweispännergeschirr*** besteht aus zwei Kopfstücken, zwei Zweispänner-Brustblättern bzw. zwei Kumten mit Zweispänner-Strangstutzen, zwei Kammdeckeln, jeweils mit Schweifriemen, vier Zugsträngen, zwei Aufhalteriemen oder Aufhalteketten und der Zweispänner-Kreuzleine.

Das ***Kopfstück*** ist das gleiche wie beim Einspännergeschirr beschrieben. Lediglich die innere Rosette ist nicht notwendig, da man sie nicht

Das Zweispänner-Brustblattgeschirr. 1) Kopfstück 2) Nackenstück 3) Halskoppelriemen 4) Aufhaltering 5) Halsriemen 6) Brustblatt 7) Strangschnalle 8) Aufsatzhaken 9) Fallring 10) Leinenführungsringe 11) Oberblattstrupfe 12) Oberblattstößel 13) großer Bauchgurt 14) kleiner Bauchgurt 15) Schweifriemen 16) Schweifmetze 17) Zugstränge

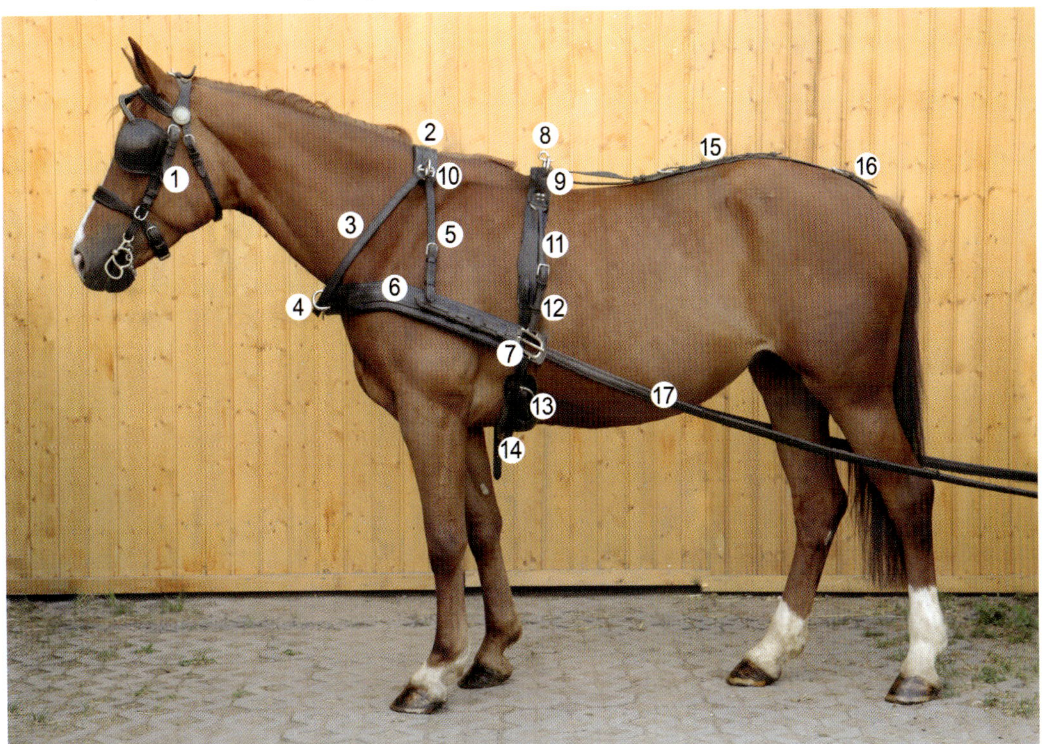

sieht. Da unser Herr von Achenbach, der Entwickler des deutschen Fahrsystems, nicht nur Wert auf Sicherheit und Pferdeschonung, sondern auch auf die Optik eines Gespannes gelegt hat, haben sich beim Zweispänner die drei Durchlässe des Nasenriemens immer innen zu befinden, d.h. zur Deichsel hin. Dies dient unter anderem auch zur besseren Unterscheidung des linken und rechten Kopfstücks.

Beim ***Zweispänner-Brustblatt*** unterscheiden wir ein linkes und ein rechtes Brustblatt. Das Zweispänner-Brustblatt ist mit einem Halskoppelriemen und einem Halsriemen ausgestattet. Mit dem Halsriemen können wir die Höhe des Brustblattes einstellen. Der Halskoppelriemen hält das Brustblatt in Position, sodass dieses nur gering von den Schwingungen der Deichsel beeinträchtigt wird. Vorne am Brustblatt befindet sich der Aufhaltering, durch den der Halskoppelriemen geführt wird. Der Aufhaltering ist in Richtung der Deichsel versetzt angebracht. Daran kann man die beiden Brustblätter unterscheiden und wir sprechen deshalb von einem linken und rechten Brustblatt. Ein Zweispänner-Brustblatt ist lang geschnitten, damit es bis an den Kammdeckel reicht. In Höhe der Strangschnalle befindet sich der kleine Bauchgurt, sowie beidseitig ein Oberblattstößel. Damit wird die Verbindung zur Oberblattstrupfe am Kammdeckel hergestellt. Den kleinen Bauchgurt benötigt man, um das Schlagen des Brustblattes zu verhindern, sollten die Pferde einmal nicht im Zug sein.

Das ***Kumt für den Zweispänner*** hat lange Zweispänner-Strangstutzen mit einem kleinen Bauchgurt und beidseitig jeweils einem Oberblattstößel zur Verbindung mit der Oberblattstrupfe am Kammdeckel. Im Langring am Kumtbügel wird ein

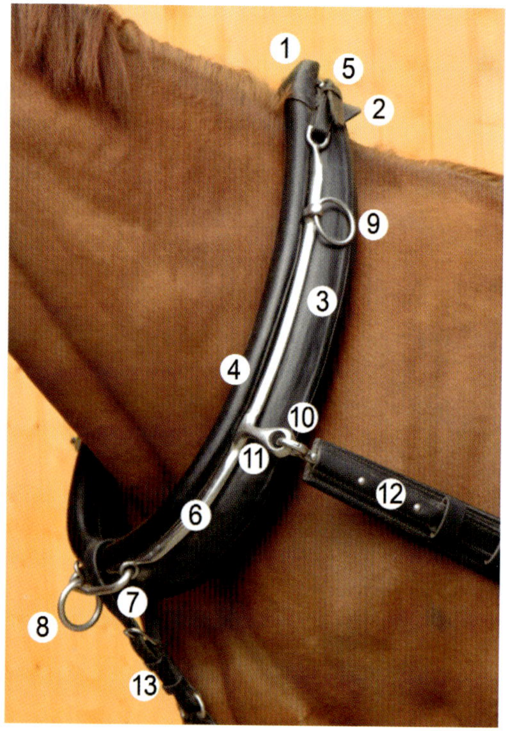

Das Zweispänner-Kumt: 1) Kumtspitze 2) Kumtkappe 3) Kumtpolster 4) Kumtwulst 5) Kumtgürtel 6) Kumtbügel 7) Langring 8) Aufhaltering 9) Leinenführungsringe 10) Zugkrampe am Strangstutzen 11) Zugöse 12) Strangstutzen 13) Sprungriemen

beweglicher Aufhaltering eingehängt, damit das Kumt links und rechts gleichermaßen verwendbar ist. Die Strupfe des Kumtgürtels, der den Kumtbügel oben zusammenhält, soll beim linken Pferd nach rechts, also nach innen in Richtung Deichsel zeigen, beim rechten Pferd umgekehrt. Warum? Nur so kann man von außen die Kraft aufbringen, den Kumtgürtel zu öffnen, sollte etwas Unvorhergesehenes passieren. Wird das Kumt zweispän-

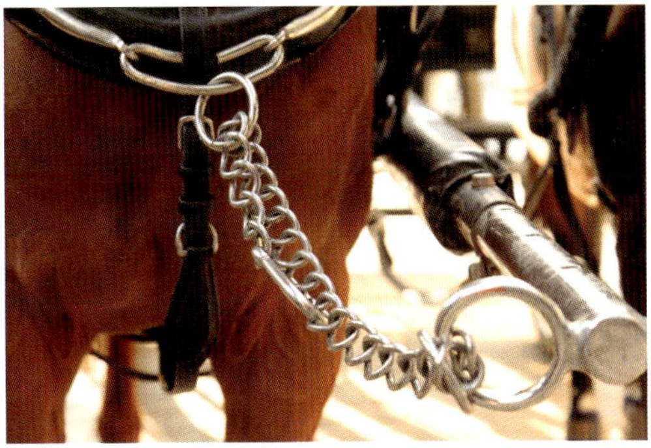

Aufhaltekette.

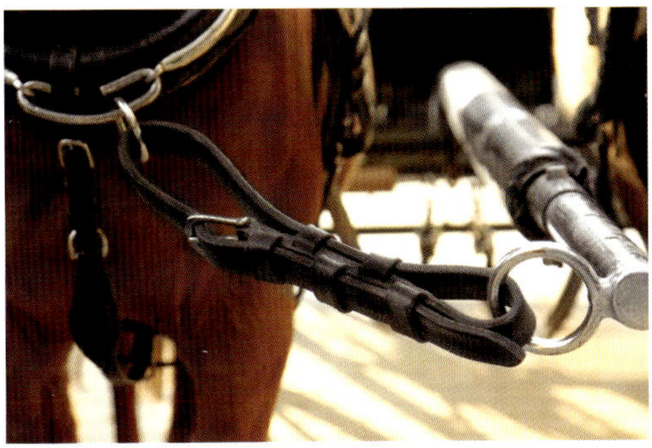

Aufhalteriemen.

nig eingesetzt, so sollte ein Sprungriemen eingeschnallt werden, damit das Kumt beim Bremsen durch die strammen Aufhalter nicht nach vorne gezogen werden kann. Gleiches gilt für das Rückwärtsrichten.

Der ***Kammdeckel*** ist deutlich schmaler als das Selett beim Einspänner, da er nichts zu tragen hat. Am Kammdeckel befinden sich zwei Leinenführungsringe, ein Aufsatzhaken und ein beweglicher Fallring. Beweglich deshalb, damit er mit der Bewegung des Pferdes mitschwingen kann. Der Aufsatzhaken hält den Fallring durch ein Gewinde an seiner Position und kann durch einen Aufsatzhaken für Vier- oder Mehrspänner ausgetauscht werden. Auf beiden Seiten des Kammdeckels befindet sich eine Oberblattstrupfe, die die Verbindung zum Brustblatt oder Kumt sicher stellt. Am unteren Teil sind die Bauchgurtstrupfen und der große Bauchgurt.

Die ***Schweifriemen*** sind die gleichen wie beim Einspänner.

Zugstränge gibt es in diversen Längen, die sich nach der Größe der Pferde und nach der Anspannung richten. Sie sind meist 40 mm breit und zur Strangspitze hin, ebenso wie beim Einspänner, fünf Mal oval gelocht, um genügend Verschnallmöglichkeiten zu bieten. Hinten, zum Wagen hin, enden die Stränge meist ebenfalls mit einer eisernen Strangschlaufe mit Aufziehleder. Beim Zweispänner ist der Außenstrang jedoch 5 cm länger als der Innenstrang, damit das Ortscheit gerade steht und nicht hinten am Wagen anschlägt. Das Ende des Außenstranges ist spitz, beim Innenstrang ist es stumpf. So kann man die Stränge gut auseinanderhalten. Man sollte darauf achten, dass die Zugstränge für eine bessere Stabilität innen mit einer Nyloneinlage versehen sind.

Es gibt ***Aufhalteriemen*** aus Leder und ***Aufhalteketten*** aus Edelstahl. Sie stellen die Verbindung vom Brustblatt bzw. Kumt zur Deichsel her. Der Aufhalteriemen wird von vorne nach hinten in die Deichselbrille geführt, die Aufhaltekette von hinten nach vorne. Der Unterschied bei der Wahl des Aufhalters ist eine Frage des Stils. Stilecht gehört zur Brustblattanspannung ein lederner Aufhalteriemen und zur Kumtanspannung Aufhalteketten. Außen vor lassen wir hier die Frage, ob der Fahrer Eigner oder Nichteigner des Gespannes ist, was früher bei der Wahl noch eine Rolle spielte.

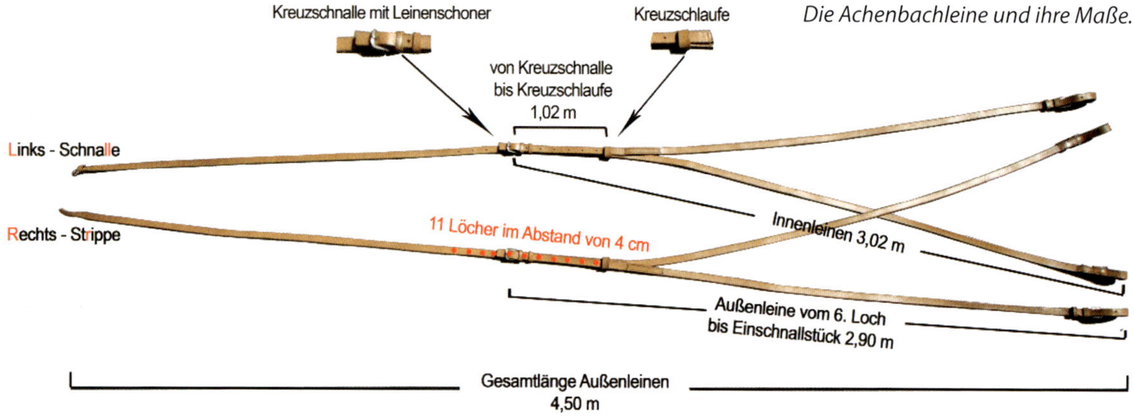

Die Achenbachleine und ihre Maße.

Übersicht der Grundschnallungen

Grundschnallung 8 für kleinere Pferde
Grundschnallung 10 für mittelgroße Pferde
Grundschnallung 12 für große und schwere Pferde

Tipp!

Um zu kontrollieren, ob sich die Zweispännerleine nach längerem Gebrauch verzogen hat, schnallt man die Kreuzschnalle in Loch 3, das sogenannten »Kontrollloch«. Man verlängert dadurch die Außenleine ab der Kreuzschnalle um 12 cm. Beide Einschnallstücke für das Gebiss sollten nun auf gleicher Höhe sein. Falls nicht, steht entweder eine neue Leine an, oder ein guter Sattler kann vielleicht nachhelfen.

Die ***Zweispännerleine***, die Achenbachsche Kreuzleine, besteht aus naturfarbenem Rindsleder. Sie wird ebenfalls, wie die Einspännerleine, immer aus dem Rückenstück geschnitten, da dies das strapazierfähigste Teil ist, und hat eine Haar- und eine Fleischseite. Die komplette Leine besteht aus zwei 4,50 m langen Außenleinen und zwei 3,02 m langen Innenleinen. Die Außenleinen enden vorne jeweils mit einem an der Haarseite angenähten Einschnallstück für das Gebiss, hinten zum Zusammenschnallen mit einer Schnalle und einer Strupfe. Auf den beiden Außenleinen befinden sich je elf Löcher im Abstand von 4 cm. Alle sind oval gestanzt. Das hat zwei Gründe: Der Dorn kommt in der Kreuzschnalle besser zum Liegen, und sollte die Leine hier einmal reißen, reißt sie nicht quer ab, sondern ins nächste Loch. Um eine gute Leine besser vermessen zu können, sollte das mittlere Loch, Loch 6, bei 2,90 m Abstand bis zur Schnalle am Einschnallstück sein. Auf der Außenleine gibt es auf Grund der Länge Ansatzstücke bzw. Nahtstücke, die sich im mittleren Bereich der Leine befinden sollten, damit sie weder im Handstück noch die Leine beim Gleiten durch die Leinenführungsringen hindern.

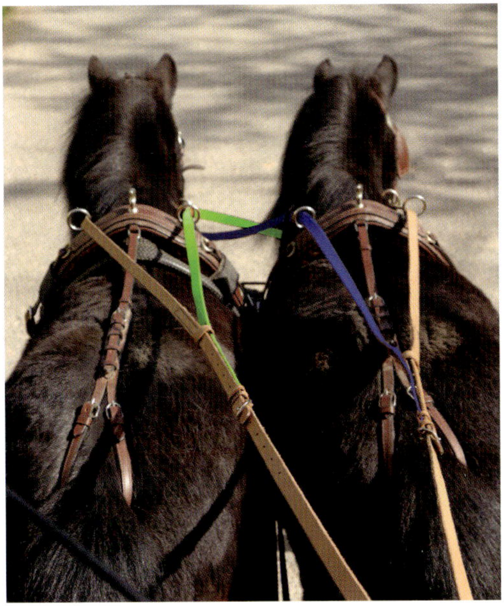

Zum besseren Verständnis: durchgehende Außenleine, eingeschnallte Innenleine links in grün, eingeschnallte Innenleine rechts in blau.

Die eingeschnallten Innenleinen enden vorne jeweils mit einem an der Fleischseite angenähtem Einschnallstück für das Gebiss, hinten jeweils mit einer Kreuzschnalle. An der Kreuzschnalle befindet sich der Leinenschoner. Das ist ein einfaches Leder, welches den Druck der Schnalle von der Außenleine nimmt und diese schont. Ab der Kreuzschnalle in Richtung der Einschnallstücke befindet sich im Abstand von 1,02 m die Kreuzschlaufe. Vor der Kreuzschlaufe teilen sich die Leinen zum Nachbarpferd. Nach ihr laufen Außen- und Innenleine übereinander, sodass die Leinen bis zur Fahrerhand sauber zum Liegen kommen. Die Breite der Leine liegt ebenso wie beim Einspänner in der Regel bei 27 mm, oder in schmalerer Ausführung bei 22 mm. Die Länge der Leine verändert sich bei Ponys entsprechend der Größe.

Welche Vorteile birgt die Achenbachsche Kreuzleine?

Die Achenbachsche Kreuzleine ist äußerst durchdacht und so konstruiert, dass man innerhalb eines Gespannes verschiedene Ausgleichsschnallungen vornehmen kann. Die Ausgleichsschnallungen benötigen wir, um ein Gespann so fahrbar zu machen, dass beide Pferde gleichmäßig den Wagen ziehen und wir bei größtmöglicher Pferdeschonung eine optimale Ausnutzung der Zugkraft erreichen. Voraussetzung hierfür ist die feste Bracke, also der feste Fixpunkt am Wagen. Wie das geht, ist nicht schwer zu verstehen, wenn wir uns die Leine etwas näher anschauen. Die Zweispännerleine hat links und rechts auf jedem Schnallstück elf Löcher im Abstand von 4 cm. Ist nun die Innenleine mit der Kreuzschnalle auf beiden Leinen im mittleren Loch, also im sechsten Loch, dem so genannten »Normalloch« eingeschnallt, dann ist die Innenleine 12 cm länger als die Außenleine, wenn man von der Kreuzschnalle bis zum Einschnallstück am Gebiss misst. Wir nennen dies auch »Grundschnallung 10«.

Warum? Weil wir nun auf jeder Leine fünf freie Löcher ab der Kreuzschnalle bis zur Hand haben. Und da 5 plus 5 die Zahl 10 ergibt, sprechen wir von der Grundschnallung 10. Sind die zu fahrenden Pferde nun kleiner oder schmächtiger, wären die Innenleinen bei der Grundschnallung 10 zu lang und die Pferde würden nach außen gestellt. Also schnallen wir die Innenleinen von Loch 6 in Loch 5. Wir verkürzen sie! Somit haben wir nun auf beiden Leinen je vier freie Löcher bis zur Hand, das sind zusammengezählt acht. Wir reden deshalb von der Grundschnallung 8 für kleine Pferde. Doch was tun, wenn die Pferde größer oder etwas dicker sind als mittelgroße Pferde, die wir im Normalloch, also in Grundschnallung 10 fahren? Richtig! Wir schnallen die Innenleinen ein Loch vor, also in Loch 7. Das

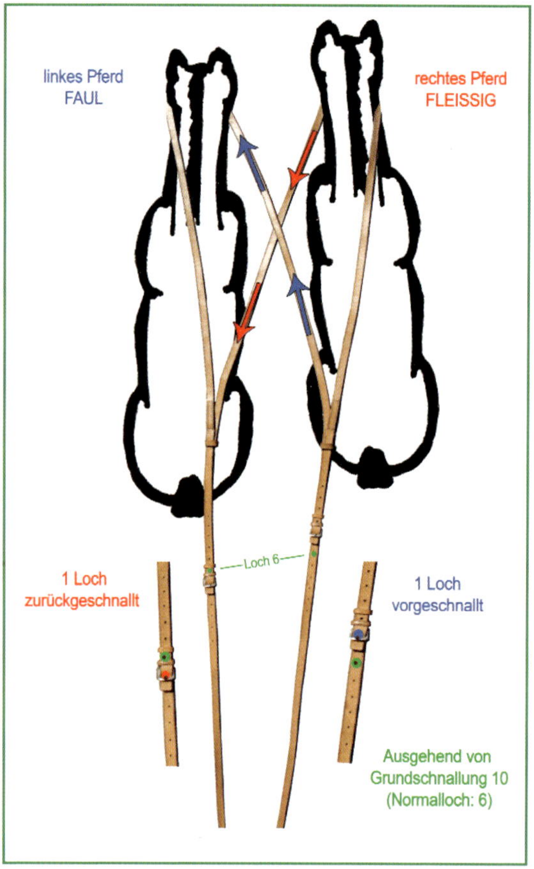

Temperamentsausgleich.

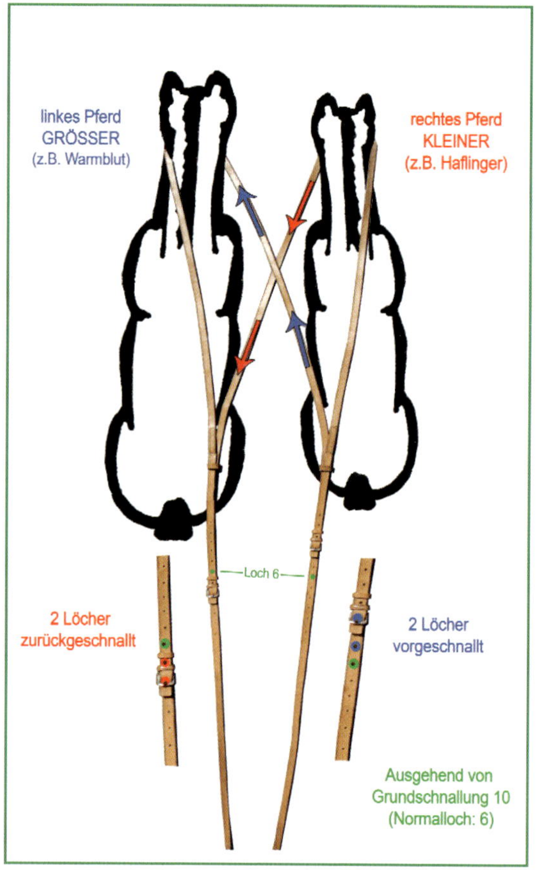

Gebäudeausgleich.

wären dann auf beiden Leinen je sechs freie Löcher bis zur Hand. Wir reden nun von der Grundschnallung 12. Diese Grundschnallungen sind Richtwerte, die wir je nach Bedarf auch weiter nach vorne oder nach hinten verändern können. Ziel ist immer, dass wir das Gespann geradeausgestellt fahren können, das heißt Körper, Hals und Kopf der Pferde sind gerade. Das geht aber nur, wenn die Innenleine länger als die Außenleine ist, da sie durch die Kreuzschnallung einen längeren Weg hat.

Bis jetzt sind wir immer davon ausgegangen, dass bei den oben genannten Grundschnallungen beide Pferde gleich groß sind und gleichmäßig ziehen. Doch was tun, wenn ein Pferd faul und ein Pferd fleißig ist? Dafür gibt es den ***Temperamentsausgleich***. Nehmen wir mal an, das linke Pferd ist faul und das rechte fleißig. So können wir, um das linke faule Pferd mehr in den Zug zu bringen, auf der rechten Leine ein Loch nach vorne schnallen und das rechte fleißige Pferd, um es etwas aus dem Zug zu nehmen, auf der linken Leine ein Loch

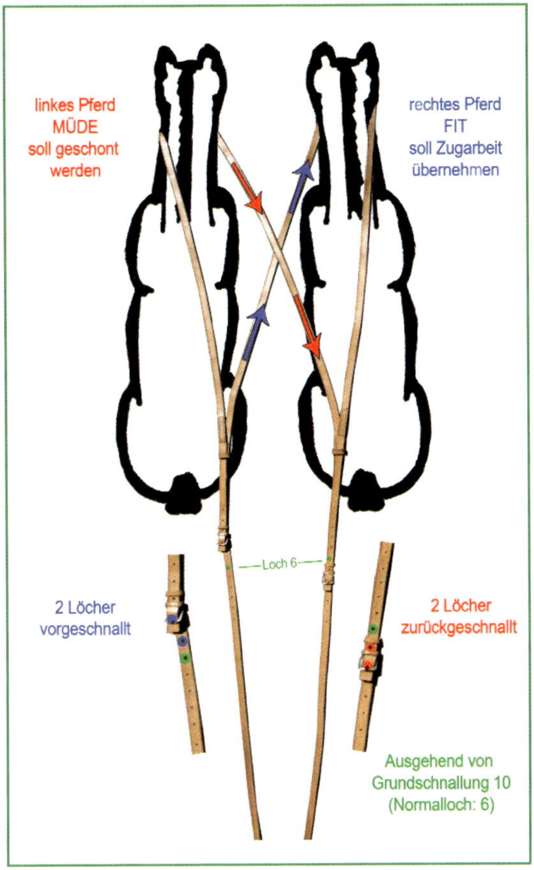

Arbeitsausgleich.

zurück schnallen. Beim Fahren müssen wir bei dem faulen Pferd noch etwas mit der Peitsche nachtreiben. Somit können wir ein gleichmäßiges Ziehen beider Pferde erreichen. Reicht ein Loch nicht aus, so können wir es mit zwei und gegebenenfalls auch mit drei Löchern Unterschied versuchen.

Was tun bei Größenunterschieden? Gehen wir davon aus, dass wir normalerweise ein Warmblutgespann haben, das wir in Loch 6, also Grundschnallung 10 fahren. Nun fällt uns das rechte

Merke:

Was ich beim rechten Pferd erreichen will, muss ich auf der linken Leine tun, und umgekehrt. Das gilt für alle Ausgleichsschnallungen.

Pferd aus und der nette Stallkollege meint, man könne ja seinen Haflinger dazuspannen. Gesagt, getan. Aber was macht man nun mit der Leine? Wenn wir dem kleinen Haflinger rechts im Gespann die Leine in Grundschnallung 10 auflegen, würde er nach außen schauen, da ihm die Innenleine zu lang ist. In dieser Situation hilft uns der ***Gebäudeausgleich***. Das rechte Pferd ist kleiner, also schnalle ich es auf der linken Leine zurück, mache die Innenleine somit kürzer. Da ich um auszugleichen die rechte Außenleine nachfassen muss, ist es wichtig, die Innenleine des linken großen Pferdes entsprechend zu verlängern, sodass dieses auch geradeausgestellt gehen kann und durch das Nachfassen der rechten Leine nicht nach innen gezogen wird.

Nun gibt es noch den ***Arbeitsausgleich***. Wir stellen uns vor, wir wären auf einer Wanderfahrt. Beide Pferde sind gleichmäßig im Zug und von der Größe passt es auch. Dennoch haben wir heute ein älteres und weniger gut konditioniertes Pferd dabei, das auf der linken Seite geht. Unsere Wanderfahrt dauert noch eine gute Stunde und wir beschließen, das linke Pferd auf dem Restweg zu schonen und es aus dem Zug zu nehmen. Doch wie geht das? Wir schnallen einfach das linke Pferd auf der rechten Leine zurück, nehmen es somit aus dem Zug und schnallen das rechte Pferd auf der linken Leine vor, damit dieses die Arbeit übernimmt.

Klappt es mit einem Loch nicht, dann vielleicht mit zweien oder dreien ...
Alle Arten von Leinenverschnallungen können vom Bock ausgeführt werden. Man muss dabei nicht absteigen. Der Beifahrer wird gebeten, sich vor das stehende Gespann zu stellen, während man die Leinen entsprechend verschnallt.

Richtige Pflege der Geschirre

Nach jeder Ausfahrt sollte das Geschirr an den mit Pferdeschweiß behafteten Stellen mit einem Schwamm feucht abgerieben werden. Meist betrifft das die Innenseite des Kumts oder Brustblatts sowie die Unterseite des Kammdeckels, des Bauchgurts und der Schweifmetze. Gründlich gereinigt werden Geschirre nur, wenn sie auf schmutzigen Wegen gebraucht wurden und eingedreckt sind. Dann sollte man sie auseinander schnallen und sorgfältig abschwammen, aber nicht mit all zu viel Wasser, da dies dem Geschirr nicht gut tut. Zum Abschwammen kann man auch Sattelseife ins Wasser geben. Anschließend werden die Geschirrteile gut mit einem Lappen getrocknet. Nicht in die Sonne hängen, das macht das Leder spröde! Wenn sie richtig trocken sind, werden die Einzelteile mit Lederpflege behandelt; ich selbst bevorzuge Bienenwachs. Nicht empfehlenswert ist Lederöl, da das Öl tief in das Leder eindringt und die Poren verschließt. Das hat zur Folge, dass das Leder bei Feuchtigkeit eher zu Schimmelbildung neigt. Die Leinen werden gesondert behandelt. Sie werden mit Sattelseife gereinigt. Anschließend kann man die Leinen mit ganz wenig Lederwachs behandeln. Fett oder gar Öl sind nicht zu empfehlen: Das Handstück wäre nicht mehr griffig genug und je weicher die Leine wird, desto schneller verzieht sie sich. Die Einschnallstücke am Gebiss sollten ebenfalls regelmäßig überprüft, gereinigt und geschmeidig gehalten werden. Die äußerst pflegeleichten Kunststoffgeschirre werden lediglich mit Wasser abgewaschen.

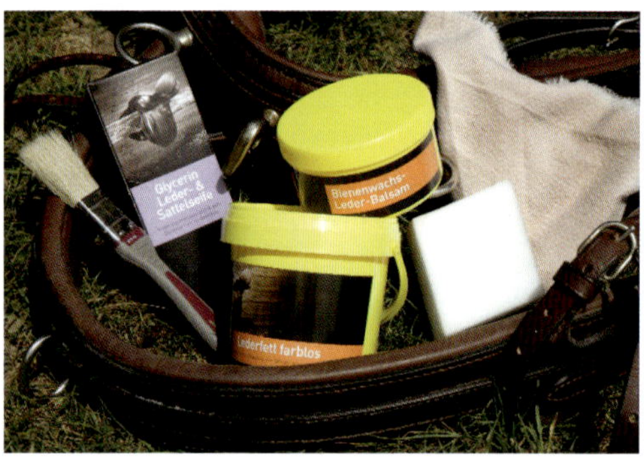

Regelmäßige Pflege macht Leder haltbar und geschmeidig.

> **Merke:**
>
> ***Das Auseinanderschnallen der Geschirrteile zur gründlichen Reinigung ist wichtig, da sich sonst mit der Zeit immer mehr Schmutz und Fett zwischen die Schnallen setzt und diese dadurch schwergängig werden.***

Tipps für den Geschirrkauf

Neue Geschirre erhalten Sie im guten Fachhandel. Dort können Sie auch, mit den Maßen des Pferdes in der Hand, das Fahrgeschirr individuell zusammenstellen lassen. Sie können es anfassen und die Lederqualität prüfen. Kaufen Sie im Internet oder beim Versandhandel, werden Sie die Geschirre nur in Standardmaßen erhalten. Die Qualität ist auf Bildern meist schwer zu erkennen. Hände weg von

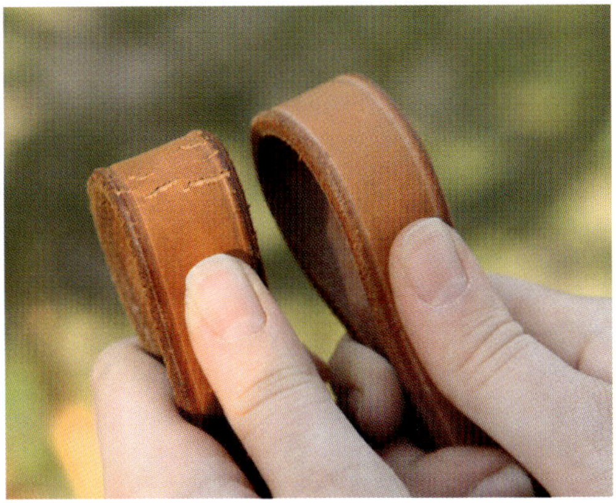

Von brüchigem Leder am besten die Finger lassen.

Billig-Geschirren! Diese lassen in Qualität und Passform schwer zu wünschen übrig. Entscheiden Sie sich für ein gebrauchtes Geschirr? Dann gebe ich Ihnen hierzu einige Tipps:

- Wie ist der Pflegezustand des Leders? Ist es ausgetrocknet, gar brüchig?
- Knicken Sie das Leder. Bilden sich Risse an der glatten Seite? Dann Finger weg!
- Sind die Nähte in Ordnung? Kleine Mängel lassen sich durch einen Sattler sicherlich nachbessern.
- Sind die Schnallen und die dazugehörigen Nähte und Lederstücke noch gut? Nichts ausgebrochen?
- Achten Sie auf Edelstahlschnallen. Billige Gussschnallen brechen oft, vernickelte Beschläge rosten.
- Von welcher Qualität sind die Zugstränge? Ist Nylon innen vernäht? Dies dient der Stabilität und damit der Sicherheit!
- Sind alle gestanzten Löcher noch in Ordnung?
- Ist die Brustblattinnenseite frei von groben Nähten? Nicht selten entstehen dadurch am Pferd Druckstellen, die recht langwierig sein können.
- Ist der Kammdeckel oder das Selett passend geschnitten? Besteht genügend Widerristfreiheit?
- Sind die Leinen noch in Ordnung? Sind sie verzogen?

Vermessen eines Fahrgeschirrs

Ein gutes Geschirr muss passen wie ein gut sitzendes Paar Schuhe. Wie vermesse ich richtig (s. S.36)?

Kopfstück

A) ***Stirnriemen:*** vom Genickstück um die Stirn zum Genickstück, das Bandmaß locker anlegen

B) ***Backenstücke:*** vom Maulwinkel übers Genick zum Maulwinkel

C) ***Nasenriemen:*** ein bis zwei Fingerbreit unter der Jochbeinleiste das Bandmaß rundum anlegen

Kumt

D) ***Kumthöhe:*** vom Halsansatz zu einem Punkt kurz vor dem Widerrist kann hier mit einem Zollstock das Maß ermittelt und auf eine Zentimeterskala übertragen werden.

Kumtbreite: breiteste Stelle des Halses, mit einem Zollstock messen und übertragen

Brustblatt

E) ***Zweispänner:*** am Kammdeckel von Oberblattstrupfe zu Oberblattstrupfe in Höhe Halsansatz über die Brust messen

F) ***Einspänner:*** von Mitte Schulterblatt über die Brust zu Mitte Schulterblatt in Höhe des Halsansatzes

Kammdeckel/Selett

G) 10 cm hinter dem Widerrist mit einem Bandmaß den Umfang messen

Schweifriemen

H) ***Länge:*** von Kammdeckel-/Selettlage bis zum Schweifansatz

Hintergeschirr

I) ***Trageriemen:*** hinter dem Hüftknochen, in Höhe des Umgangs, über die Kruppe gemessen
J) ***Umgang:*** von Flanke zu Flanke in Höhe einer Handbreit unter dem Sitzbeinhöcker

Zugstränge

siehe Anspannen eines Einspänners

Gebisse

einen Stab bei geschlossenem Maul auf die Laden legen, um die eigentliche Breite zu ermitteln; an beiden Seiten einen guten halben Zentimeter zugeben

Fahrgebisse und ihre Wirkung

Wichtig bei der Auswahl des Gebisses ist, dass sich das Pferd damit wohl fühlt. Es gibt diverse Fahrgebisse, die sich in Aussehen und Wirkungsweise unterscheiden. Zu den gängigsten Gebissen zäh-

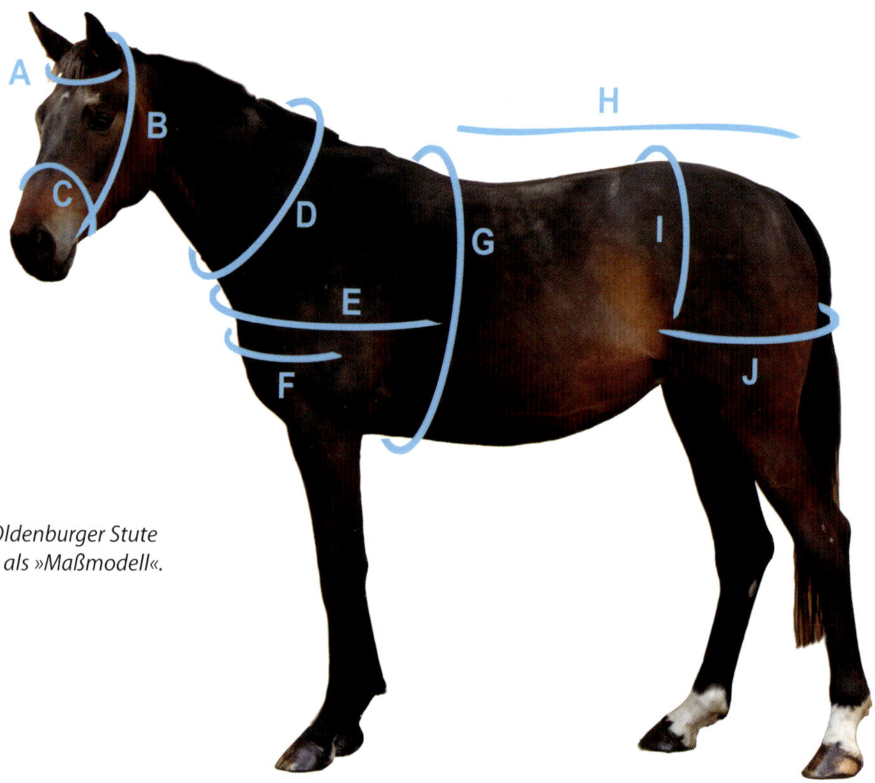

Unsere Oldenburger Stute Corvette als »Maßmodell«.

len die Doppelringtrense, die Postkandare und die Liverpoolkandare. Seltener findet man die Ellbogen-, Buxton- und Tilbury-Kandare. Die Doppelringtrense kommt einer Reittrense optisch und in ihrer Wirkung am nächsten. Die unterschiedlichen Kandaren unterscheiden sich an der Form des Kandarenbaums, also an dem, was außerhalb des Pferdemauls zu sehen ist. Mundstücke gibt es von einfach gebrochen und doppelt gebrochen über Stangen mit verschieden hohen Zungenfreiheiten bis hin zu Kunststoffgebissen verschiedenster Art. Überwiegend sind die Gebisse aus Edelstahl. Es gibt sie aber auch aus Argentan bzw. Aurigan mit einem erhöhten Kupferanteil, um die Kautätigkeit des Pferdes anzuregen. Alle Gebisse gibt es in verschiedenen Weiten und Stärken. Dünnen Mundstücken sagt man eine schärfere Wirkung nach als dicken Mundstücken. Oft stimmt das so alleine nicht, denn es kommt auch auf den Abstand von Ober- und Unterkiefer bei geschlossenem Maul an. Zum Beispiel kann ein dickes Gebiss bei kleinem Abstand Zahnfleischschwellungen erzeugen, was sicherlich auch schmerzhaft ist. Den Kieferabstand zu überprüfen ist nicht ganz einfach. Versuchen Sie, bei geschlossenem Maul Ihre Finger zwischen die Laden zu schieben. Haben zwei Finger übereinander Platz, so brauchen Sie sich wegen der Dicke des Gebisses keine Gedanken zu machen.

Und nun die nächste Überlegung: gebrochenes Mundstück oder Stange? Diese Frage können wir nur beantworten, wenn wir wissen, wie die einzelnen Mundstücke wirken.

Das einfach gebrochene Mundstück: Nimmt man seitlich an, so wirkt der Anzug auf eine Ladenseite und Stellung und Biegung können leichter erreicht werden. Nimmt man beidseitig gleichzeitig an, so

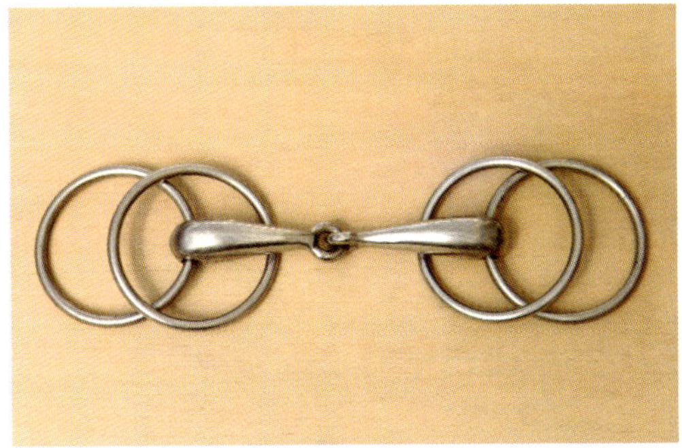

Doppelringtrense.

klappt das Gebiss zusammen, drückt links und rechts die Laden zusammen und stellt sich gegen den Gaumen auf, sodass man von einem »Nussknackereffekt« spricht.

Das doppelt gebrochene Mundstück: Dieses Gebiss wirkt bei einseitiger Leinenannahme auf die jeweilige Lade, hat also wie beim einfach gebrochenen Mundstück den Vorteil, dass Stellung und Biegung besser erarbeitet werden können. Durch das dritte Glied fällt der »Nussknackereffekt« weg, aber es entsteht vermehrt Druck auf die Zunge.

Das Stangenmundstück: Bei einseitiger Annahme der Leinen verkantet sich die Stange im Pferdemaul und wirkt auf einer Seite auf die untere Lade und auf der anderen Seite auf die obere Lade in Richtung Gaumen. Dadurch kommt es vor, dass sich Pferde je nach Ausbildungsstand im Genick verwerfen. Nimmt man gleichzeitig beide Leinen an, so wirkt das Stangenmundstück eher mild.
Weist die Stange eine hohe Zungenfreiheit auf, so drückt diese schneller gegen den Gaumen als bei einem Gebiss mit kleiner Zungenfreiheit. Manche Kandaren sind auf der einen Seite glatt und auf

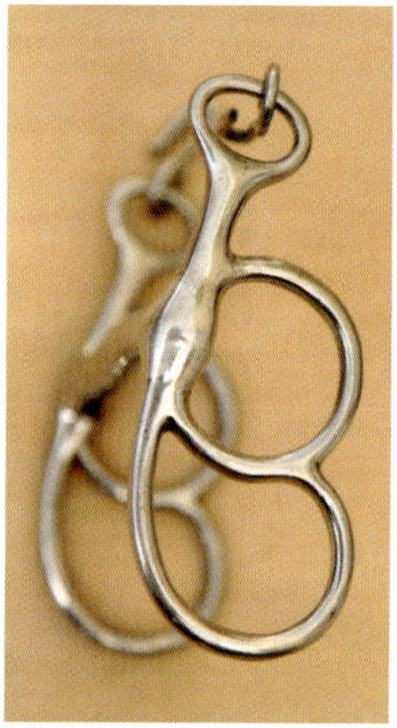
Postkandare.

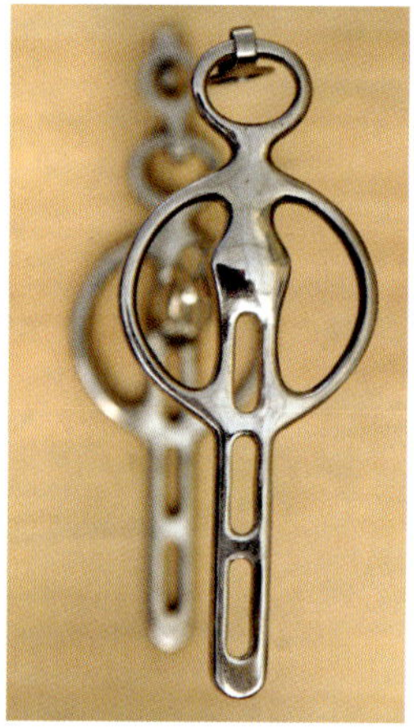
Liverpool-Kandare.

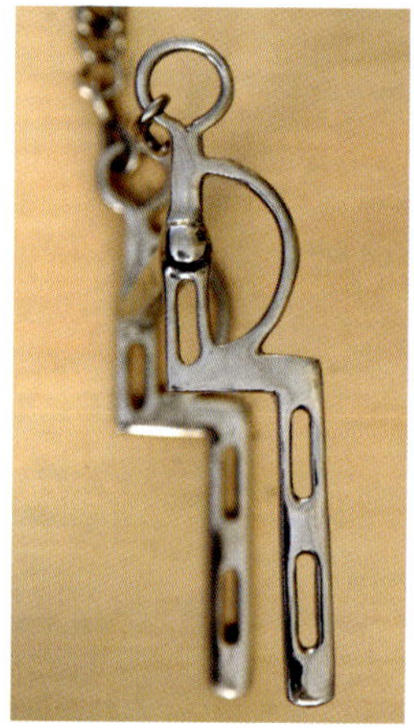
Ellbogen-Kandare.

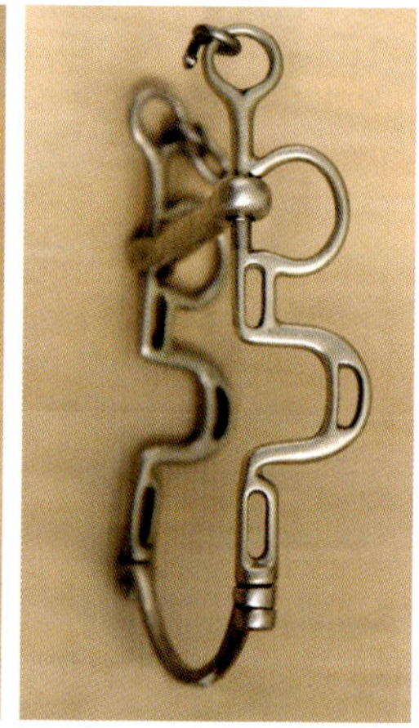
Buxton-Kandare.

der anderen Seite gerillt, genannt Schneckenrillung. Man sollte wissen, dass wenn man die glatte Seite in Richtung Zunge und Laden legt, dies beim Annehmen der Leinen weniger »scharf« wirkt als umgekehrt. Fahrkandaren werden im Gegensatz zu Dressurkandaren beim Reiten nicht mit einer Unterlegtrense gefahren, d.h. wir benötigen kein zweites Leinenpaar.

Zur Einwirkung einer Kandare trägt auch die Hebelwirkung bei. Hierbei spielt die Länge des Ober- und Unterbaums eine Rolle. Je länger der Oberbaum, desto mehr Druck wird auf das Genick und die Maulwinkel ausgeübt. Je tiefer man die Leine am Unterbaum einschnallt, desto größer ist die Hebelwirkung und desto schärfer wirkt das Gebiss.

Nicht zu vergessen wäre noch die Kinnkette, deren wichtige Funktion es ist, das Drehen des Mundstücks im Pferdemaul einzugrenzen. Nur durch die richtige Verschnallung der Kinnkette wird die Hebelwirkung entschärft und das Gebiss wirkt weicher.

Die Kinnkette muss so verschnallt werden, dass beim Annehmen des Gebisses ein Winkel von 40–45° zwischen Maulspalte und Kandarenbaum entsteht. Ist die Kinnkette zu lang, wirkt das Gebiss zu stark aufs Genick und je nach Höhe der Zungenfreiheit zu stark gegen den Gaumen. Man sagt in der Fachsprache auch »die Kandare fällt durch«. Ist die Kinnkette zu kurz, so schiebt sich der Baum nach vorne und das Mundstück drückt zu stark auf die Zunge, man nennt dies »die Kandare strotzt«.

Wählt man eine Doppelringtrense, so gibt es zwei Möglichkeiten der Verschnallung bzw. der Einwirkung. Das Gebiss wird an den losen Laufringen mit den Backenstücken am Kopfstück verbunden. Schnallt man die Leine nur im Trensenring ein, so spricht man von einer »scharfen« Schnallung. Schnallt man die Leine in Trensen- und Laufring zusammen ein, so ist das eine »weiche« Schnallung. Bei weicher Schnallung ist darauf zu achten, dass der Nasenriemen am Kopfstück aus den

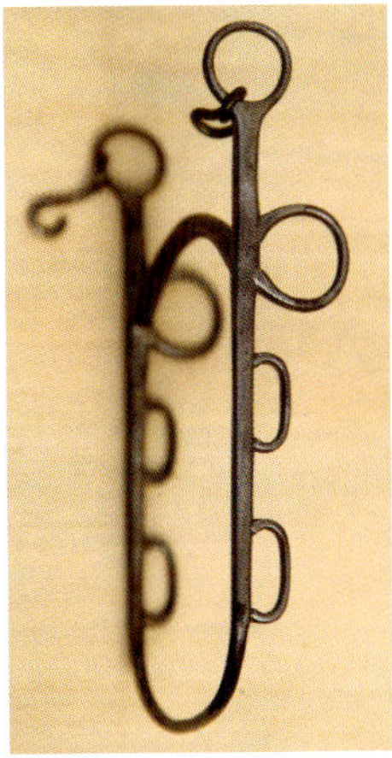

Tilbury-Kandare.

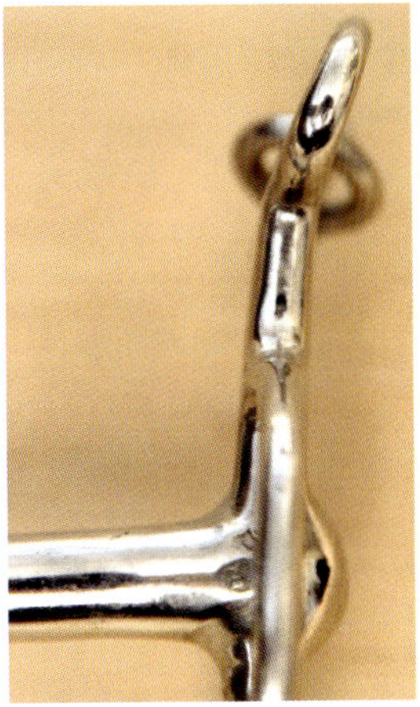

Nach außen gebogene Kandarenaugen.

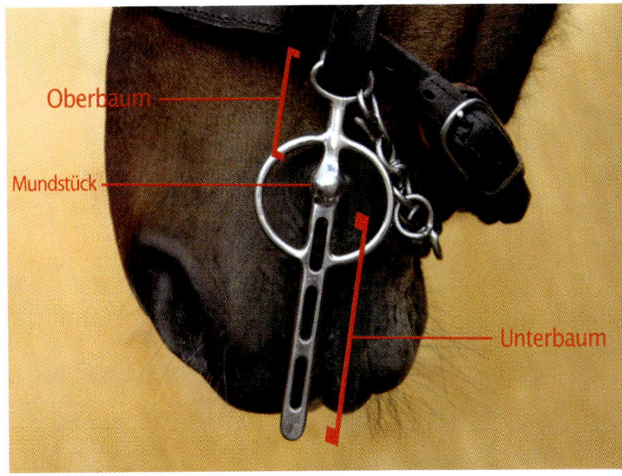

Aufbau der Kandare.

Backenstücken herausgeschnallt wird, um Druck auf den Nasenrücken zu verhindern.

Möchte man sich eine Kandare zulegen, muss man beachten, dass die Kandarenaugen nach außen gebogen sind, damit das Leder der Backenstücke nicht nach innen aufträgt und ein unnötiges Aufscheuern verhindert wird. Ebenso muss beim Gebisskauf auf eine einwandfreie Verarbeitung geachtet werden. Scharfkantige Gebisse gehören nicht in ein Pferdemaul! Achtung auch bei älteren Gebissen, die durch bewegliche Kandarenbäume oder Trensenringe gerne ausschlagen und scharfkantig werden.

Zum Schluss ist zu sagen, dass ein Gebiss nur so scharf ist wie die Hand des Fahrers, der die Leinen führt. Ich möchte auch erwähnen, dass bei den gewaltigen Fahrgebissen mit den langen Kandarenbäumen, die man manchmal sieht, vielleicht nur ein gebrochenes Gebiss im Maul ist, welches, wenn man es oben einschnallt, nur die Wirkung einer Reittrense hat. Nun fragt man sich, warum man denn nicht gleich eine Reittrense einschnallt. Prinzipiell ist das natürlich möglich, doch die guten alten Fahrgebisse gehören unserer Fahrkultur an, die bis heute noch Bestand hat. So fährt man stilecht zur Brustblattanspannung mit einer Doppelringtrense oder Postkandare, bei Kumtanspannung greift man zur Liverpool-, Ellbogen-, Buxton- oder Tilbury-Kandare.
Vergessen wir nicht unsere Pferde, die das Gebiss ja »tragen« müssen. Auch die sind oft wählerisch und die Geschmäcker verschieden, sodass man am Ende doch ausprobieren muss, welches Gebiss unser Pferd besser annimmt und mit welchem Gebiss es zufriedener geht. Leider kann man sie nicht fragen ...

Pflege der Gebisse

Um die Gebisse von Speichelablagerungen zu säubern, müssen sie nach jeder Fahrt gründlich mit Wasser abgespült werden. Besonderes Augenmerk gilt den Gebissrändern in Höhe der Maul-

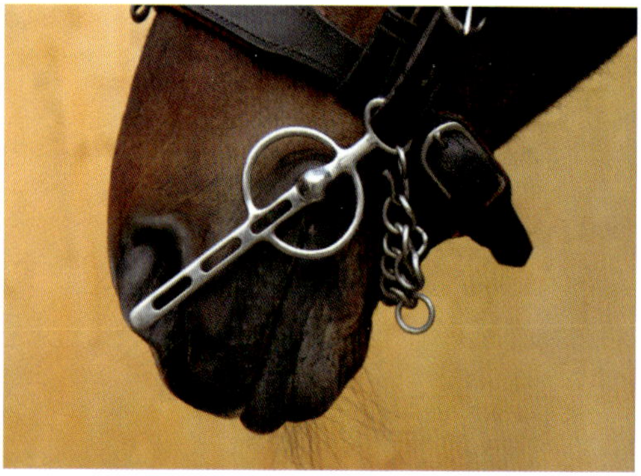

Diese Kandare strotzt.

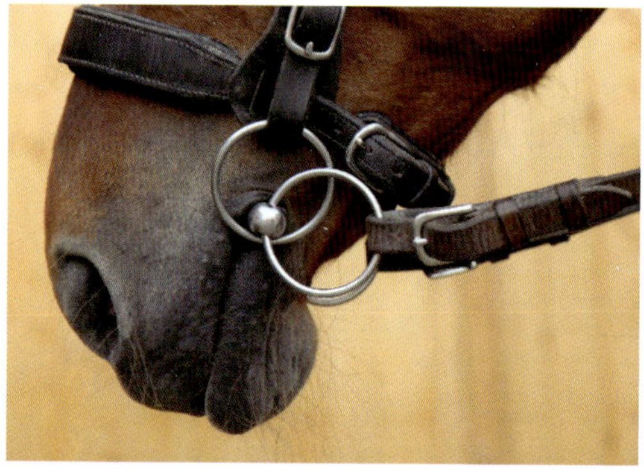

Doppelringtrense in scharfer Schnallung.

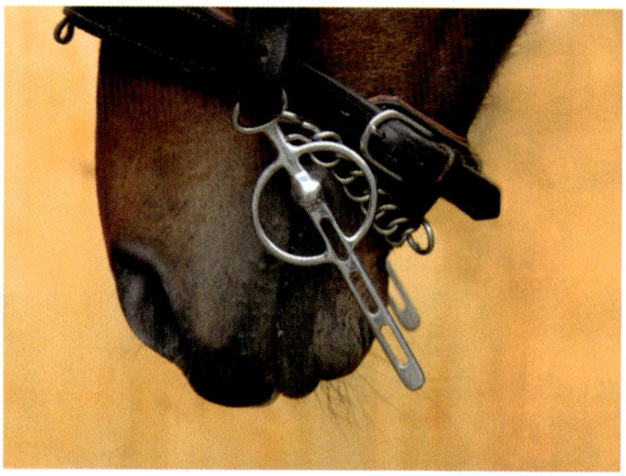

Diese Kandare fällt durch.

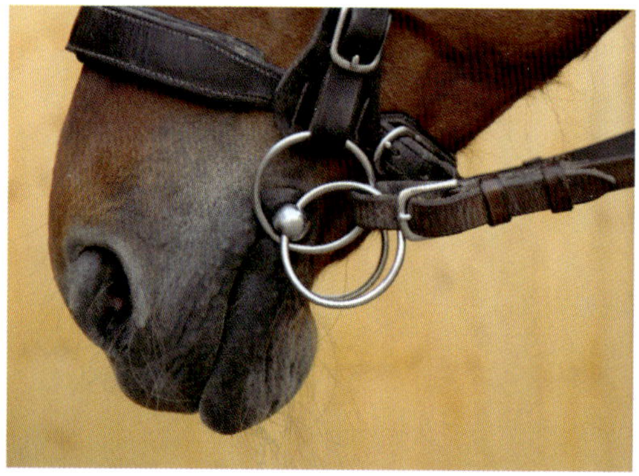

Doppelringtrense in weicher Schnallung.

spalte. Von Zeit zu Zeit gehören die Gebisse aus dem Kopfstück geschnallt, um sie zum Reinigen komplett in warmes Wasser zu legen.

Zubehör und Hufschutz

Zubehör

Zu weiterem Zubehör zählen wir Ohrenkappen, die bei warmem Wetter unterwegs die Fliegen abhalten sollen. Gerne verwendet man im Sommer auch Fliegen-Abwehrspray, da man als Fahrer doch etwas weiter von den Pferden weg sitzt und nicht die Möglichkeit hat, Fliegen oder gar Pferdebremsen mit der Hand abzuwehren. Mittlerweile gibt es im Handel Fliegendecken, die speziell fürs Fahren konzipiert wurden und entsprechende Befestigungsmöglichkeiten am Geschirr bieten. Für die Schlechtwetterzeit werden Regen-Fahrdecken angeboten, die wasserfest und atmungs-

Tipp!

Bei der Fahrpferdeausbildung empfiehlt es sich, ein weiches Gebiss zu wählen, um das empfindliche Maul zu erhalten. Wird das auszubildende Pferd auch geritten, kann man sich der Reittrense bedienen oder sich an dem vorhandenen Gebiss orientieren.

aktiv zugleich sind. Ist man einmal länger mit Pferd und Wagen unterwegs und möchte eine Pause machen, ist eine Pferdedecke mit Abschwitzfunktion genau das Richtige. Um die empfindlichen Pferdebeine vor Schlägen und Stößen zu schützen, gibt es schnell anzulegende Gamaschen für Vorder- und Hinterbeine in verschiedenen Qualitäten und Größen. Zum Schutz der empfindlichen Kronränder und der Ballen sind Hufglocken eine gute Wahl.

Hufschutz

Je nachdem, wie oft man anspannen möchte und wie das Gelände im Fahrgebiet ist, muss man das Pferd beschlagen lassen oder auch nicht. Hat das Pferd gutes Hufwachstum, wird nicht täglich gefahren und das Gelände gibt weiche Wege her, kommt man vielleicht ohne einen Hufbeschlag aus. Unter Umständen kann man auch gut angepasste Hufschuhe verwenden, sofern man doch mal auf Asphalt oder steinigen Wegen fährt. Wird das Pferd aber überwiegend als Fahrpferd eingesetzt, so kommt man um einen ordentlichen Hufbeschlag nicht herum. Der klassische Eisenbeschlag ist die häufigste Hufschutzmethode bei Fahrpferden. Zu empfehlen ist ein Gleitschutz durch Widia-Stifte. Das sind kleine Stifte aus Hartmetall, die in das Eisen direkt eingeschlagen werden und erweiterten Halt bei schlechten Bodenverhältnissen und auf Asphalt geben. Dauerhaft mit angeschweißten, großen Stollen zu fahren, sollte man besser unterlassen. Die Gelenke verschleißen schneller, weil die Pferde nicht richtig mit dem Huf abrollen können. Alternativ gibt es Schraubstollen, die man bei Bedarf eindrehen kann.

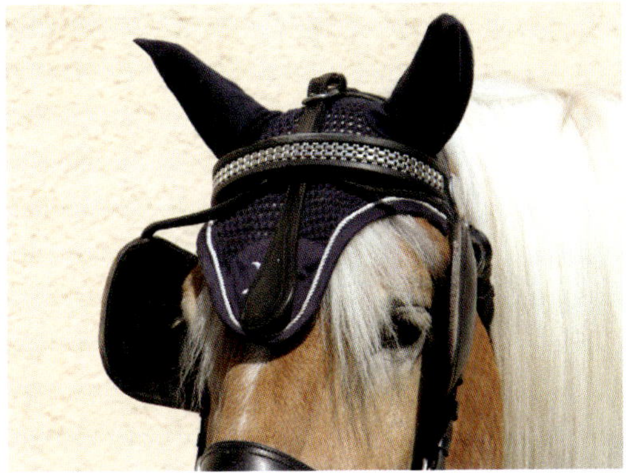

Ohrenkappen, ein wichtiger Fliegenschutz im Sommer.

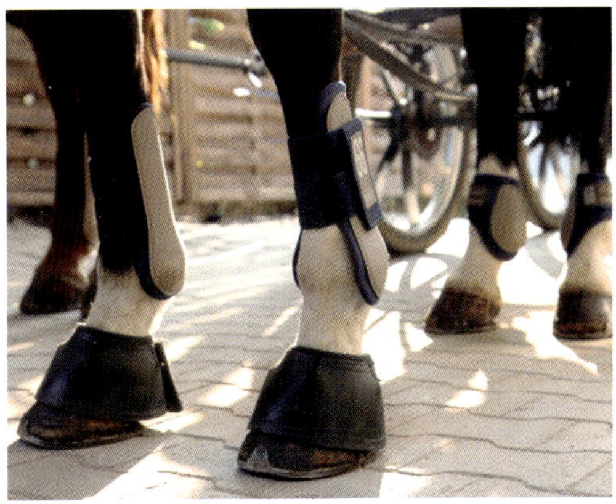

Gamaschen zum Schutz der wertvollen Pferdebeine.

Alles rund um den Wagen

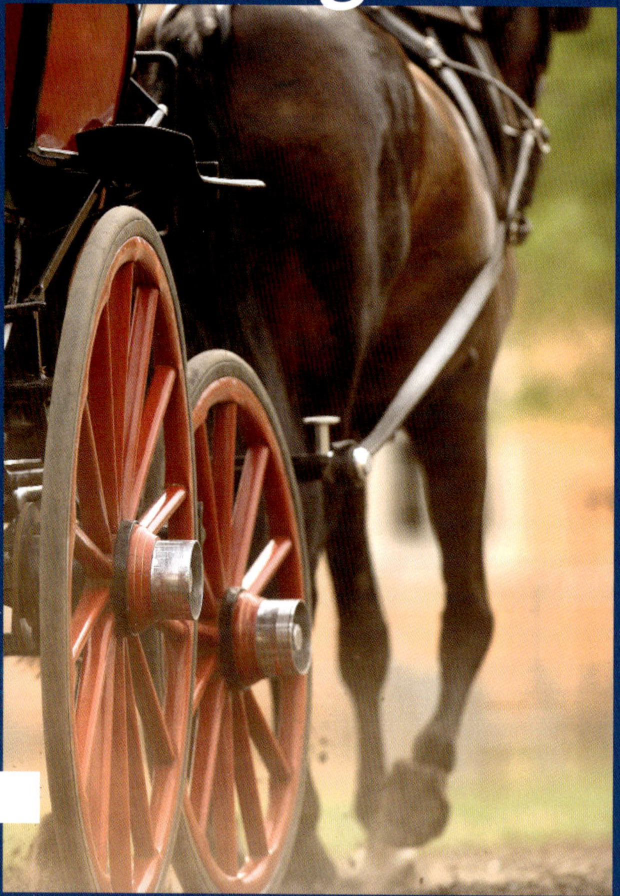

4

4. Alles rund um den Wagen

Gängige Wagentypen

Trainingswagen

Trainingswagen sind die Allrounder unter den Freizeitkutschen. Sie sind für eine Ausfahrt durchs Gelände genauso geeignet wie für eine Übungsstunde auf dem Platz. Der Trainingswagen vereinigt zwei Kutschentypen, eine Wagonette und einen geländegängigen Marathonwagen. Das heißt, wir haben hinten, wie bei der Wagonette, bequeme lange Sitzbänke mit Rückenlehnen für die Passagiere. Gleichzeitig haben wir den Stahlkorpus eines Marathonwagens mit all seinen Vorteilen, wie z.B. robuste Bauweise, große Stabilität und keine hervorstehenden Teile an der Außenseite, mit denen sich der Wagen festhaken könnte. Außerdem lässt sich der Wagen gut wenden. Trainingswagen sind immer mit Luftbereifung ausgestattet. Man bekommt sie beim Kutschenhändler in vielen Varianten: zum ein-, zwei- und vierspännigen Fahren, für Ponys und Pferde in allen Größen, mit unterschiedlichen Spurbreiten und in allen denkbaren Farben. Der Preis liegt zur Zeit zwischen 2500 € und 6500 €.

Wagonette

Die Wagonette wird viel in der Freizeit und auch beim gewerblichen Fahren eingesetzt. Sie bietet für die Mitfahrenden ausreichend Sitzgelegenheit im Fond. Die Sitzbänke sind längs angeordnet, sodass die Passagiere sich gegenüber sitzen. Ein Wagen also, der für Gesellschaftsfahrten, Landpartien und Ausflüge verwendbar ist. Wagonetten bekommt man im Kutschhandel aus Stahl und auch aus Holz, mit verschieden langen Sitzbänken, auf Wunsch mit Sonnendach oder gar als Planwagen. Bereift sind die Wagen je nach Geschmack und Verwendung mit Hartgummi- oder Ballonreifen. Es gibt Wagonetten zum ein-, zwei- oder

Trainingswagen.

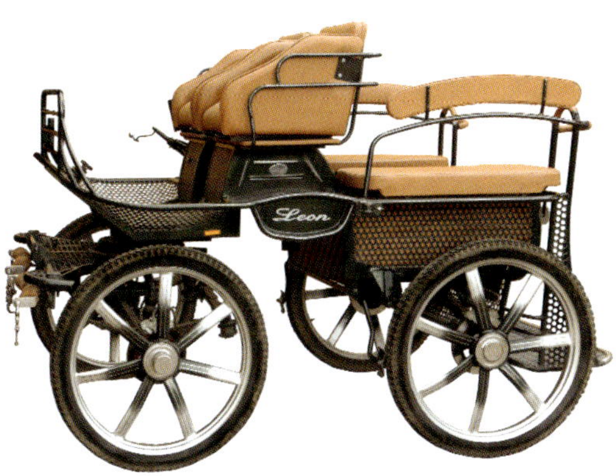

Pony-Wagonette.

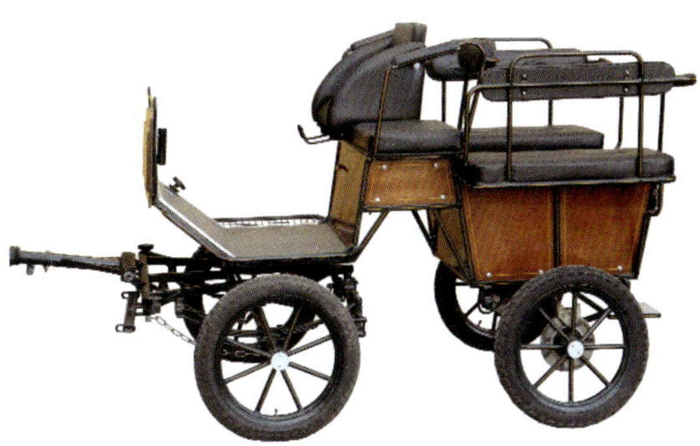

mehrspännigen Fahren. Für Ponys beginnen die Neupreise bei 2000 €, für Pferde bei 3000 €.

Marathonwagen

Der Marathonwagen ist ein reines Sportgerät für den Einsatz im Gelände. Er ist sehr robust gebaut und äußerst stabil. Die Hinterräder sind meist kleiner als die Vorderräder, damit der Schwerpunkt tief liegt. Die Hinterräder haben einen negativen Sturz, sind also oben etwas nach innen geneigt, um die Kippgefahr zu verringern und die gewünschte Standfestigkeit zu erreichen. Ein Marathonwagen hat durch seinen kurzen Radstand einen sehr kleinen Wendekreis. Die äußere Form ist glatt und ohne hervorstehende Teile, damit sich der Wagen möglichst nirgends verhaken kann. Dicht an den Vorderrädern sind so genannte Baumabweiser angebracht, die auf unwegsamem Gelände Stöcke oder Äste vom Rad fern halten sollen. In einem guten Marathonwagen steckt einiges an Technik. Ein Beispiel ist die durch den Beifahrer bedienbare Drehkranzbremse, die den Drehkranz feststellt. Auf diese Weise lässt sich ein Aufschaukeln des Wagens verhindern, bzw. je nach Bodenbeschaffenheit bei rasanten Kurvenfahrten ein Kippen vermeiden. Manche Wagen sind mit einer Deichselverkürzung ausgestattet. Dabei ist die Deichsel nicht vorne am Vorbau mit einem Bolzen befestigt, sondern hinten am Drehkranz. In der Wendung zieht sich die Deichsel somit automatisch ein Stück zurück, verkürzt sich also. Ein Marathon-Schwingsitz, der sich auf das Gewicht des Fahrers einstellen lässt, um Stöße abzumildern, ist heute gang und gäbe. Der Fahrersitz lässt sich meist zur Mitte hin verschieben, da manch ein Fahrer so besser die Richtung peilen kann. Für die Beifahrer gibt es lediglich Notsitze ohne Rückenlehnen. Einige Wagen sind mit Luftfederung ausgestattet, andere wiederum mit der altbewährten Blattfederung. Überwiegend haben diese Sportkutschen ein hydraulisches Zweikreis-Bremssystem mit Scheibenbremsen. Allen Marathonwagen gemeinsam ist die geringe Spurbreite von ca. 1,28 m und die Hartgummibereifung, da dies im Turnierreglement so vorgeschrieben ist. Alles in allem sind Marathonwagen tolle Kutschen für den

Marathonwagen.

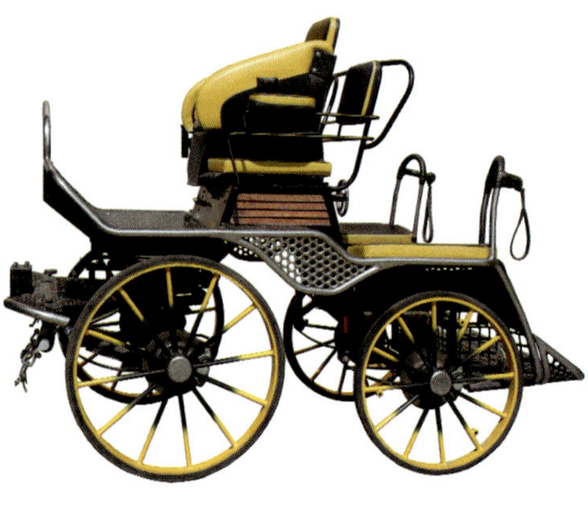

Spider Phaeton.

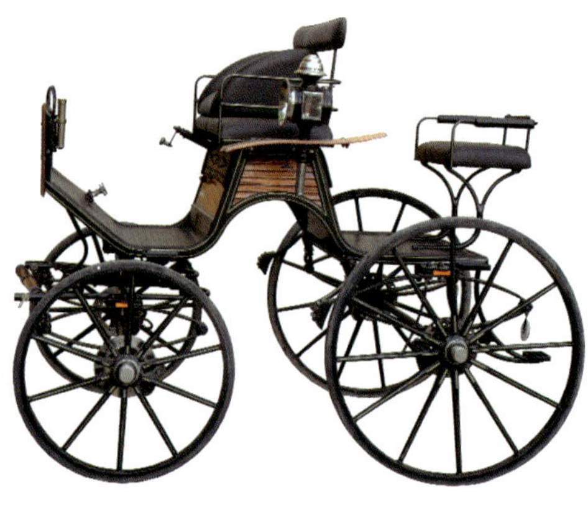

sportorientierten Geländefahrer. Dem reinen Freizeitfahrer sei gesagt, dass ein Marathonwagen durch seine geringe Spurbreite sehr schnell kippen kann, sofern der Beifahrer nicht auf dem richtigen Platz sitzt bzw. steht, und zwar kompromisslos hinten! Marathonwagen gibt es vom leichten Einspänner- bis zum Vierspännerwagen, für Ponys und Pferde. Der Preis richtet sich je nach Ausstattung und Qualität, beginnend bei 3500 € ohne Grenzen nach oben.

Spider Phaeton

Ein Spider Phaeton ist ein leichter, filigran gebauter Wagen mit einem historischen Hintergrund – ein Selbstfahrer. Das heißt, die Herrschaft fuhr selbst, hat sich also nicht fahren lassen. Der Bedienstete saß hinten. Der Spider Phaeton gilt auch als typisches Damenfahrzeug. Heute findet man diese Art von Wagen häufig auf Turnieren, meist ein- und zweispännig. Es gibt weitere zahlreiche Varianten von Phaetons, wie z.B. den Stanhope Phaeton, Mail Phaeton, Demi-Mail Phaeton uvm. Der sportlichste unter den Phaetons ist aber der Spider Phaeton. Erhältlich ist er in Holz- oder auch in lackierter Version, für Pferde und Ponys, sowie für alle Anspannungsarten. Die Preise für einen Spider Phaeton bewegen sich zwischen 3000 € und 8000 €.

Viktoria

Die Viktoria ist eine offene Kutsche mit Halbverdeck zum Abklappen. Oft sieht man diese Kutschen zu besonderen Anlässen, wie Hochzeiten und Jubiläen. Sie hat einen seitlich tiefen Einstieg und bietet bequem Platz für zwei Personen. Sie wird vom Bock aus gefahren und zählt deshalb auch zu den herrschaftlichen Fahrzeugen. Der Viktoria ähnlich ist die Mylord. Bei dieser Variante kann der Bock abgeklappt werden, sodass der Herr oder die Dame dann von hinten selbst fahren konnten. Sicherlich sinnvoll, wenn bei einem Rendezvous kein Kutscher erwünscht war. Mylord und Viktoria werden beide überwiegend zweispännig gefahren. Eine Viktoria gibt es im Kutschenhandel als historischen Nachbau, ausgestattet mit Scheibenbremsen, ab ca. 9000 €.

Viktoria.

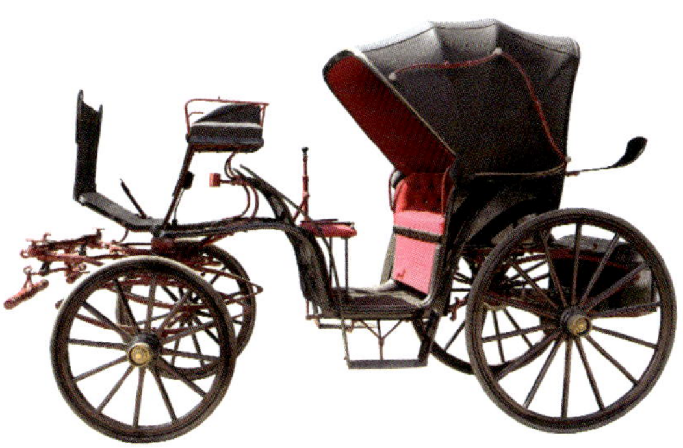

Landauer.

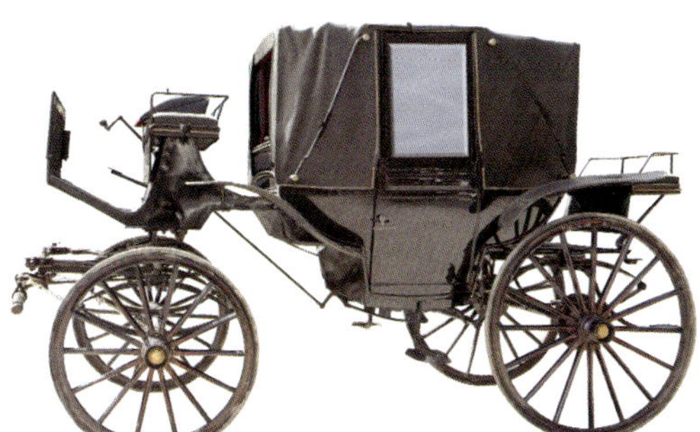

Landauer

Der Landauer (s. S. 45) ist ein herrschaftlicher, repräsentativer Wagen und lässt sich von einem komplett offenen in einen komplett geschlossenen Wagen umwandeln. Die beiden bis zur Mitte reichenden Lederverdecke sind klappbar, die Glasscheiben oberhalb der Türen sind nach unten in die Türen versenkbar. Der Landauer wird heute gerne bei Hochzeitsfahrten und besonderen Anlässen eingesetzt, früher diente er als Reisewagen und Familienfahrzeug reicher Leute. Einen Landauer fährt man meist vierspännig. Historische Nachbauten, ausgerüstet nach der StVO, bekommt man heute ab ca. 15.000 €.

Gig

Ein Gig ist ein einachsiger Wagen mit einer Sitzbank für zwei Personen. Die Sitzbank muss verschiebbar sein, um den Wagen besser austarieren zu können. Nur ein austarierter Wagen lässt eine freie Bewegung des Pferdes zu, ohne dass zuviel Gewicht durch Kutsche und Personen über die Scherbäume dem Pferd auf den Rücken drückt. Es gibt sehr gute Gigs mit Scheibenbremsen und komplett gefedertem Aufbau. Viele Neufahrzeuge haben ein Nick-Ausgleich-System, damit der Wagen durch die Schwingungen des Pferdes im Trab nicht beeinträchtigt wird und die Fahrt ruhig vonstatten geht. Ordentliche Freizeit-Gigs bekommt man im Handel in allen Größen, von Pony bis Pferd und je nach Ausstattung zwischen 800 € und 4000 €.

Natürlich gibt es noch mehr Kutschen, die ich gerne vorstellen würde, aber dies würde den Rahmen dieses Buches sprengen. Mit den gängigsten Typen ist dem Einsteiger aber sicherlich erst einmal gedient.

Ausstattung des Wagens

Räder

Beginnen wir mit den Rädern. Heutzutage wählt man Kutschenräder mit Hartgummi- oder Luftbereifung. Die Hartgummibereifung ist nicht so komfortabel, ist aber vom Turnier-Reglement bei Geländefahrten vorgeschrieben. Grund: Das auf den Radkranz aufgezogene Gummi kann nicht von der Felge springen und man bekommt auch keinen Plattfuß. Der Optik wegen sind historische Nachbauten ebenfalls mit Hartgummibereifung ausgestattet. Luftbereifte Räder sind deutlich komfortabler als ihre Hartgummi-Kollegen, da sie stoßdämpfend wirken. Auch laufen sie ruhiger und die Kutsche sinkt bei weichem Boden nicht so tief ein, da die Reifen breiter sind. Nachteil: die

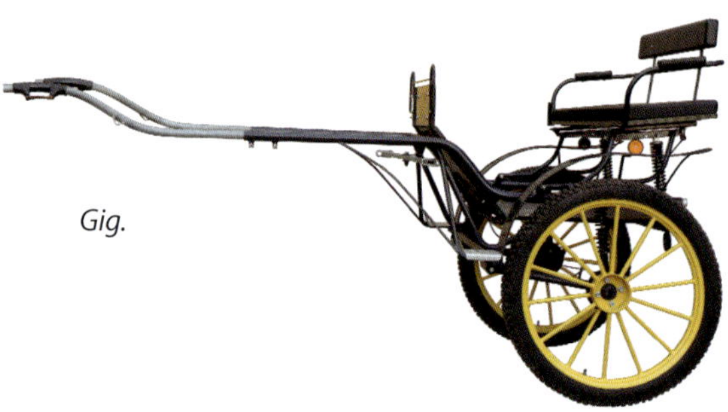

Gig.

Merke:

Der Wagen sollte insgesamt stabil und robust gebaut, alle Schweißnähte gut verarbeitet sein und keine scharfen Ecken und Kanten haben.

Gefahr eines Plattfußes. Aus eigener Erfahrung kann ich allerdings sagen, dass dies wirklich nur sehr selten vorkommt.
An alten Kutschen findet man meist noch Eisenbereifung. Will man solch eine Kutsche anspannen, müssen die Pferde an das Knirschen der Eisenräder gewöhnt werden!
Es gilt: Je größer das Rad ist, desto leichter rollt es.

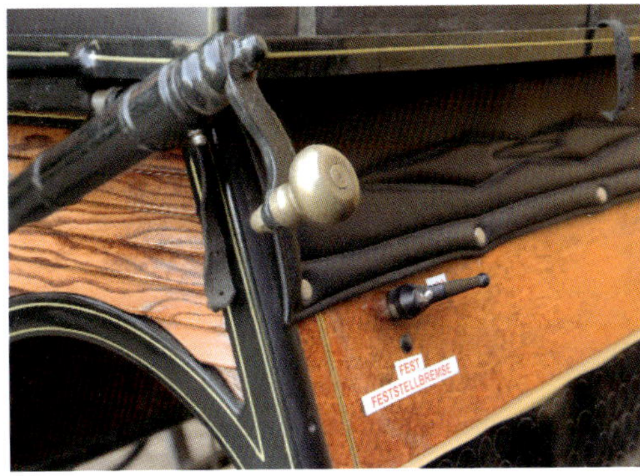

Links die Kurbelbremse, darunter der hydraulische Hebel für Feststellbremse.

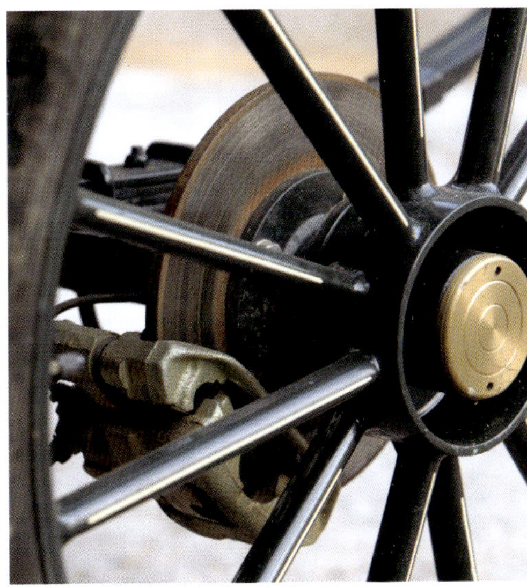

Scheibenbremse.

Spur

Wagen gibt es in verschiedenen Spurbreiten. Vorder- und Hinterachse sollten die gleiche Spurbreite haben. Achten Sie auf eine breite Spur, denn: Je breiter die Spur, desto geringer ist die Kippgefahr!

Bremsen

An jeden verkehrssicheren Wagen gehört eine gut funktionierende Feststell- und Betriebsbremse. Es gibt verschiedene Bremssysteme, z.B. die Spindel- oder Kurbelbremse. Sie bedient sich einer Klotzbremse, die direkt auf die Hinterräder wirkt.

Spindelbremsen erfüllen beide Anforderungen, sind also Feststell- und Betriebsbremse zugleich. Vereinzelt findet man auch Hebel-Druck- oder Hebel-Zugbremsen. Müsste man sich für eine dieser beiden Bremsen entscheiden, so wäre die Zugbremse der Druckbremse vorzuziehen. Wenn man die Bremse betätigt, zieht man zum Körper hin. Diese Bewegung unterstützt die annehmende Fahrerhand.

Neuere Kutschen sind mit äußerst praktischen Fußbremsen ausgestattet, meist in Form von Scheiben- oder Trommelbremsen. Scheibenbremsen sind in jedem Fall feiner zu dosieren. Außer der Fußbremse muss eine unabhängige Feststellbremse vorhanden sein. Wird die Kutsche lediglich durch Aufbau von Bremsdruck mit einem Hebel festgestellt, sollte man wenigstens noch einen Klotz unter die Räder stellen. Löst sich bei längerem Stehen der Druck, macht sich die Kutsche sonst selbstständig! Bei vielen Kutschen ist nur die Hinterachse gebremst. Das ist für den Freizeit-

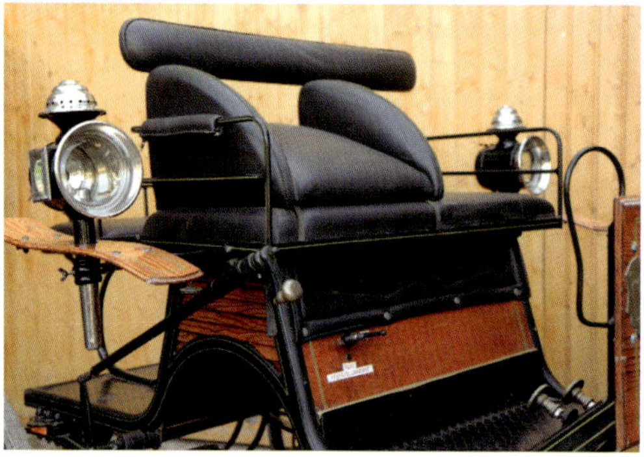

Ordnungsgemäße Beleuchtung.

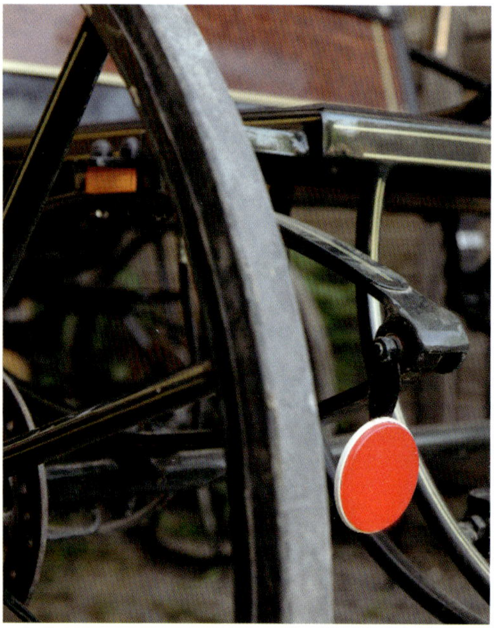

Seitenstrahler und Rückstrahler.

bereich vollkommen ausreichend. Fährt man jedoch gerne und häufig im Gelände, ist eine Bremse empfehlenswert, die auf Vorder- und Hinterachse wirkt. Übrigens, bei gewerblichen Fahrten ist es Pflicht, eine Bremse für jede Achse zu haben.

Beleuchtung

Auch bei Kutschen besteht nach der StVZO (Straßenverkehrszulassungsordnung) die Vorschrift für eine funktionelle Beleuchtung, und zwar mindestens ein weißes Licht nach vorne und ein rotes nach hinten. Anzubringen sind die Leuchten in einer Höhe von max. 1,50 m, nicht tiefer als 60 cm und möglichst nahe am Fahrzeugumriss, das heißt max. 40 cm von der breitesten Stelle des Fahrzeugs entfernt. Besser ist jedoch je eine Lampe links und rechts, dann aber bitte auf gleicher Höhe. Das Licht muss selbstleuchtend sein, zum Beispiel kerzen- oder batteriebetrieben. Seitlich an der Kutsche sind gelbe Reflektoren vorgeschrieben, die nicht höher als 60 cm vom Boden entfernt und alle 2 m auf der Fahrzeuglänge angebracht werden müssen. Hinten sollen rote, runde Reflektoren – keine dreieckigen, da diese für Anhänger gelten – nicht höher als 90 cm vom Boden entfernt und wieder möglichst nahe am Fahrzeugumriss angebracht sein, das heißt max. 40 cm von der breitesten Stelle des Fahrzeugs entfernt. Man kann sich und sein Pferde bei Dunkelheit zusätzlich mit weiteren Reflektoren ausstatten. Gut ist es außerdem, noch einen weißen Reflektor auf die Deichselspitze zu setzen.

Gewerbliche Fahrer, die mit Planwagen unterwegs sind, müssen eine Beleuchtungsanlage haben, die vom Fahrersitz aus bedienbar ist. Dazu gehören dann auch Blink- und Bremslicht.

Nicht fehlen dürfen durch die eingeschränkte Sicht nach hinten die Rückspiegel.

Sicherheit der Passagiere

Des weiteren steht für einen verkehrssicheren Wagen, dass für Fahrer und Beifahrer Rückenlehnen, sowie breite Aufstiegsmöglichkeiten, vorhanden sind. Der Auf- und Abstieg sollte im Fond gesichert sein, entweder durch eine Tür oder eine

Kette, damit keiner während der Fahrt keine Personen auf- oder absteigen können.

Wartung und Instandhaltung

Um die Sicherheit der Kutschen zu wahren, sollte man sie in regelmäßigen Abständen einer Kontrolle unterziehen. So muss zum Beispiel der Wagenkorpus sorgfältig überprüft werden. Dabei wird ein besonderes Augenmerk auf die Holzelemente gelegt. Um Fäulnisprozessen entgegenzuwirken, müssen Holzkutschen trocken gestellt und vor Feuchtigkeit geschützt werden. Vorbeugend kann man eine mit Salz gefüllte Schüssel auf die Kutsche stellen. Die Räder werden auf ihre Lauffähigkeit geprüft. Sie sollen sich leicht drehen lassen, rund laufen und kein Spiel haben. Die Achsen und der Drehkranz müssen abgeschmiert werden, damit sie leicht laufen. Zum Abschmieren sind an den meisten Kutschen Schmiernippel vorhanden. Deichseln und Scherbäume aus Holz sollten keine Beschädigungen aufweisen und in sich gerade sein. Bei Deichseln und Scherbäumen aus Metall werden die Schweißnähte überprüft und auf Korrosion geachtet. Eventuelle Roststellen müssen beseitigt werden. Sehr wichtig ist die Kontrolle der Bremsen. Bei hydraulischen Bremsen sollte man in regelmäßigen Abständen den Bremsflüssigkeitsbehälter nachsehen und gegebenenfalls Bremsflüssigkeit nachfüllen. Ab und an muss man auch einen Austausch der Bremsflüssigkeit vornehmen. Alle Bremsleitungen müssen auf Dichte und Korrosion geprüft werden. Bei Kurbelbremsen müssen die Kurbeln abgeschmiert werden, damit sie leicht bedienbar bleiben, und die Bremsklötze sollten überprüft werden.

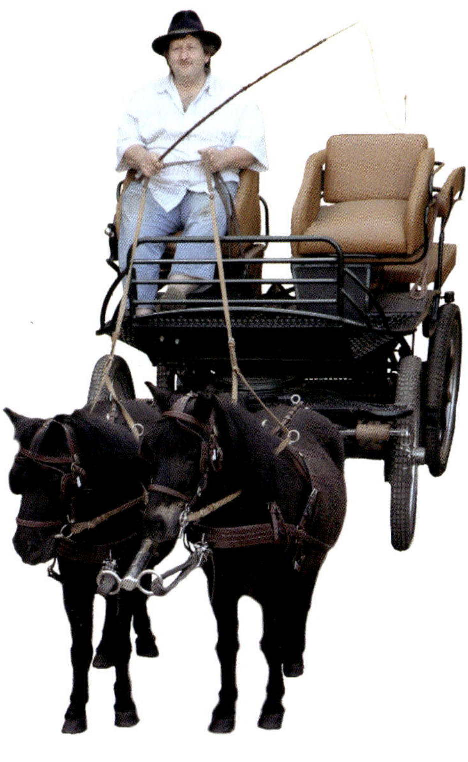

Wie viel zieht mein Pferd?

Da wir unseren Partner Pferd nicht an seine Grenzen bringen möchten, sollte man einen Wagen wählen, der in Größe und Gewicht zum Pferd passt. Auch die Besetzung des Wagens muss mit einkalkuliert werden. Die Zugleistung ist nicht nur vom Wagen, sondern auch von der Beschaffenheit des Bodens und der Geländeform abhängig. Richten wir uns nach einer bestehenden Faustformel, so kann in ebenem Gelände ein Pferd das Dreifache seines Körpergewichtes ziehen. Ist es hügelig oder sind die Straßen und Bodenverhältnisse schlecht, so verringert sich das Zuggewicht auf das Zweifache. In bergigem Gelände, im Acker

links: So nicht! Die Relationen müssen stimmen.

oder auf Sand gilt die Faustregel 1 : 1, das Pferd zieht also maximal sein eigenes Gewicht.

Einachser oder Zweiachser?

Ein zweirädriger Gig hat gegenüber einem vierrädrigen Wagen einige Vorteile. Er ist günstiger in der Anschaffung, leichter zu handhaben und zu verstauen. Er kippt nicht so leicht, da er durch die starren Scherbäume fest mit dem Pferd verbunden ist. Von Nachteil ist, dass man maximal zu zweit fahren kann. Außerdem kann ein Gig nur einspännig genutzt werden. Er sollte zur Größe des Pferdes passen und in angespanntem Zustand so austariert sein, dass er sich selbst trägt. Das heißt, dass er frei in den Trageaugen schweben kann und kein Gewicht auf den Rücken des Pferdes bringt. Nur so sind die Bewegungen des Pferdes nicht zu spüren. Die Vorteile beim vierrädrigen Wagen liegen darin, dass das Platzangebot größer ist, dass der Wagen ruhiger läuft und man ein- wie auch zweispännig fahren kann, sofern ein Wechselsystem – Schere/Deichsel – vorhanden ist. Ein Nachteil ist die größere Kippgefahr in Kurven, wenn der Beifahrer nicht auf seinem Platz im Fond sitzt.

Die unterschiedlichen Anspannungsmöglichkeiten

Gabel und Schere

Einspännig wird mit einer Gabel oder Schere gefahren. Man spricht von einer Gabel, wenn die beiden Scherbäume hinten miteinander verbunden und von einer Schere, wenn beide Scherbäume unabhängig voneinander, also einzeln beweglich sind. Das Ortscheit, an dem die Zugstränge befestigt werden, ist mittig der beiden Scherbäume angebracht. Die Scherbäume für den Einspänner sollten so weit auseinander liegen, dass das eingespannte Pferd volle Bewegungsfreiheit hat und auch in den Wendungen nicht eingeschränkt wird. Die Scherbaumspitzen müssen nach außen gebogen sein und dürfen maximal an der Brust abschließen, damit das Pferd sich in der Wendung nicht die Spitzen in den Hals bohrt. Deshalb sind längenverstellbare Scherbäume wichtig. Das Pferd wird so eingespannt, dass es mit den Zugsträngen zieht und nicht mit den Scherbäumen. Die Scherbäume sind als reine Lenkung und zum Aufhalten (Bremsen) des Wagens zu verstehen. Stabile Befestigungsmöglichkeiten für Scherenträger, Scherriemen und Schlagriemen sollten selbstverständlich sein.

Deichsel

Beim Zweispänner wird die Gabel bzw. Schere durch die Deichsel ersetzt. Die Pferde werden jeweils links und rechts davon eingespannt. An der Deichselspitze befindet sich die Deichselbrille, möglichst beweglich. Mit ihr ist das Geschirr der Pferde über einen Aufhalteriemen verbunden. Die Deichsel dient dem Lenken und Aufhalten (Bremsen) des Wagens und sollte deshalb stabil und längenverstellbar sein. Eine Schwebedeichsel – diese trägt sich selbst – ist zudem noch höhenverstellbar und wäre von Vorteil. Die Deichsel sollte so hoch stehen, dass sie in etwa das Buggelenk erreicht. Die richtige Höhe ist also abhängig von der Größe der angespannten Pferde. Gleiches gilt für die Deichsellänge. Die Deichsel sollte bei angespannten Zugsträngen mit der Stirnlinie der am Gebiss stehenden Pferde abschließen. Dabei muss berücksichtigt werden, dass die Hinterhand genügend Raum hat, damit die Pferde in der ausladendsten Gangart, dem starken Trab oder Galopp, mit dem Wagen nicht kollidieren. Nach StVZO muss die Deichsel mit einem Splint gesichert sein.

Ortscheite und Docken

Mit Hilfe von Ortscheiten werden die Pferde mit dem Wagen verbunden. Ortscheite sollten auf beiden Seiten eine Abrutschsicherung für die Stränge haben, z.B. eine Nut, Köpfe an den Enden o.ä. Sie sollten breit genug sein; bei Pferden mindestens 65 cm beim Einspänner und 50 cm beim Zweispänner. Die Anbringung der beweglichen Ortscheite am Wagen variiert beim Zweispänner. Einmal sind die Ortscheite direkt am festen Vorbau des Wagens montiert, dann spricht man von einer festen Bracke oder auch Sprengwaage – »halbfeste Anspannung«. Sind die Ortscheite links und rechts an einem großen Ortscheit, einer so genannten Waage angebracht, die lose mit dem Wagen verbunden ist, so nennt man dies Spielwaage – »lose Anspannung«. Bei Anspannungen mit fester Bracke oder mit Spielwaage können alle Geschirrarten Verwendung finden. Anders verhält es sich bei der Docken-Anspannung, der dritten und letzten Variante, auch »feste Anspannung« genannt. Diese Anspannungsart ist völlig starr. Die Ortscheite fehlen und die Zugstränge werden direkt auf die auf dem Wagenvorbau befindenden Docken gezogen. Da kein Spiel vorhanden ist, dürfen die Pferde bei dieser Anspannung nur mit einem Kumtgeschirr gefahren werden! Mit Brustblattgeschirr würden sich die Pferde durch die Bewegung aufscheuern.

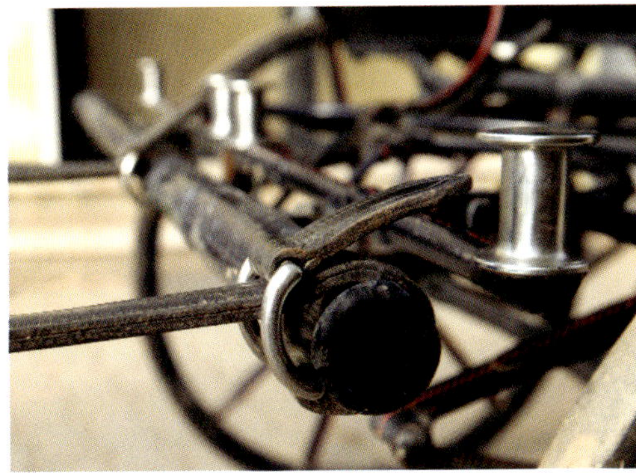

Halbfeste Anspannung – feste Bracke und bewegliche Ortscheite.

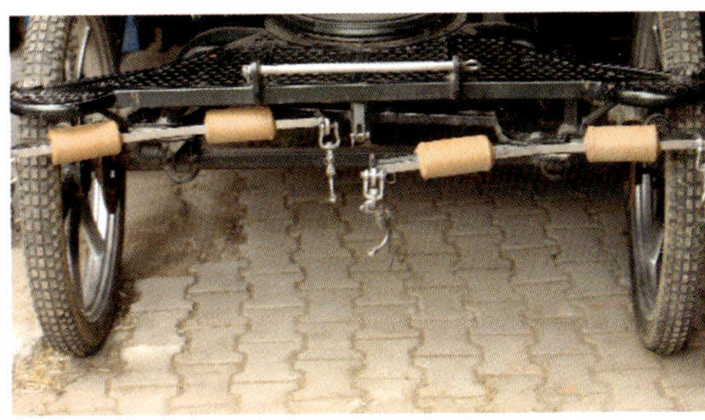

Lose Anspannung – Spielwaage, die hier per Bolzen auch arretiert werden kann.

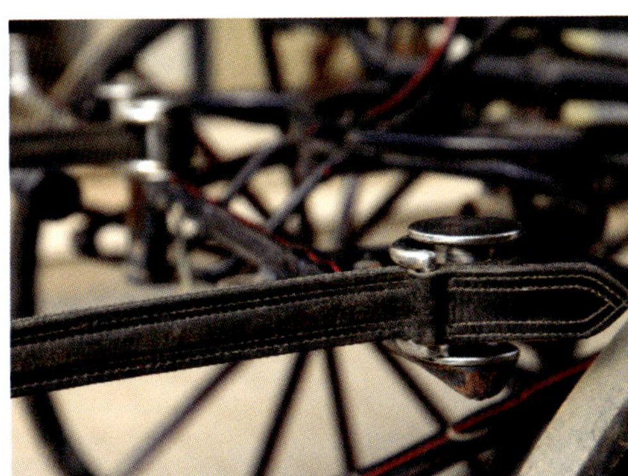

Feste Anspannung – Zugstränge sind direkt auf die Docken gezogen.

Anspannung

Wir wissen nun, dass es fürs zweispännige Fahren eine lose, halbfeste und feste Anspannung gibt. Doch wo liegen die Vor- und Nachteile?

Die lose Anspannung mit der Spielwaage findet man hauptsächlich in der Landwirtschaft und an Planwagen. Durch die oft unebenen Feldwege gleicht sich der Zug unter den Pferden aus. Anders

Merke:

Mit Kumtgeschirr sind alle drei Anspannungsarten möglich, während mit dem Brustblattgeschirr nur mit der Spreng- und Spielwaage gefahren werden darf, da sich das Pferd bei der festen Anspannung die Brust mit dem Brustblatt aufreiben würde.

angespannt, würden sie Stöße auf Brust oder Schultern bekommen. Man muss beim Fahren mit der Spielwaage berücksichtigen, dass Wendungen früher eingeleitet werden müssen, da das äußere Pferd nicht den Wagen in die Wendung zieht, sondern die Deichsel mit der Schulter in die neue Richtung drückt.

Die halbfeste Anspannung ist die gängigste Art, Pferde an den Wagen zu spannen. Sie ist beim korrekten, pferdeschonenden Fahren und beim Einfahren junger Pferde unverzichtbar. Über die Achenbachsche Kreuzleine kann man verschiedene Ausgleichsschnallungen vornehmen, um zwei Pferde entsprechend zu arbeiten. Das ist nur möglich, weil wir durch die feste Bracke einen Fixpunkt am Wagen haben. Bei vielen Neufahrzeugen kann man bei Bedarf die Spielwaage per Bolzen arretieren, sodass daraus eine feste Bracke entsteht.

Mit der festen Dockenanspannung kann man sehr präzise und zentimetergenau fahren. Diese Anspannungsart ist aber nur bei zugfesten, gut ausgebildeten und gleichmäßig ziehenden Pferden zu empfehlen.

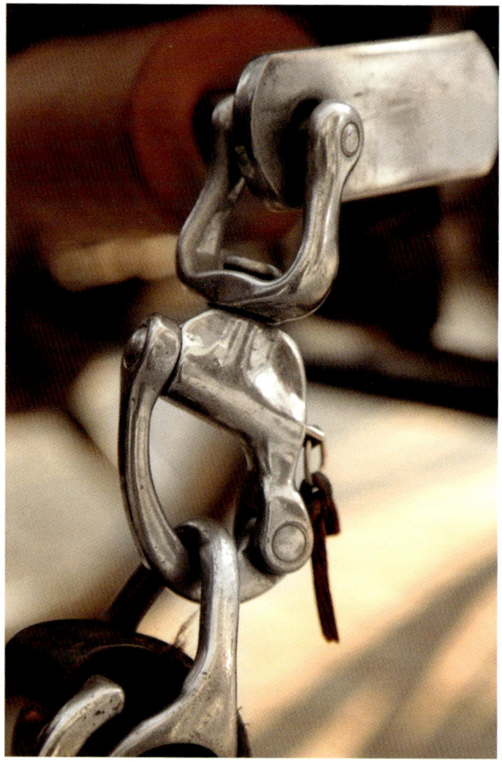

Sicherheitsschäkel – mit einem Griff leicht zu öffnen.

Sicherheitsschäkel

Sicherheitsschäkel, Patentschäkel, Schnellverschlüsse: drei Bezeichnungen – eine Sache! Und zwar eine gute. Die Schäkel stellen eine sinnvolle Verbindung zwischen Ortscheit und Strang her, um bei unvorhersehbaren Ereignissen die Pferde schnell vom Wagen lösen zu können. Ohne Schäkel müssten die Zugstränge, falls sie stark angespannt sind, mit einem scharfen Messer abgeschnitten werden. Übrigens gibt es aus dem gleichen Grund auch Aufhalteriemen mit eingenähten Patentschäkeln.

Tipps für den Kutschenkauf

Falls Sie eine neue Kutsche kaufen möchten, finden Sie im renommierten Fachhandel eine große Auswahl gängiger Kutschenmodelle und werden sicherlich gut beraten. Zur Info: In Deutschland gibt es nur noch wenige Kutschenhersteller. Die meisten Kutschen werden in Polen hergestellt. Sie sind dadurch etwas günstiger, aber meist nicht weniger gut. Dennoch möchte ich bemerken: Finger weg von Billigmodellen! Diese sind oft schlecht verarbeitet, es wird am Material gespart, ebenso am Lack und auch an der Polsterung. Schlimm wird es aber erst, wenn anstatt langlebigen Stahls billiger Guss verwendet wird. Da kann es schon mal vorkommen, dass ein Rad bricht! Auf den ersten Blick ist die Materialqualität für den Laien leider schwer zu erkennen.

Haben Sie eher an eine Gebrauchtkutsche gedacht? Warum nicht? Es muss ja nicht immer gleich einen neue Kutsche sein. Eine gute gebrauchte erfüllt ihren Zweck genauso gut und ist günstiger in der Anschaffung. Manchmal führen Fachhändler auch Gebrauchtmodelle. Fragen Sie danach. Gebrauchte Kutschen findet man außerdem in Zeitschriften, auf einschlägigen Internet-Plattformen und bei Ebay. Jedoch Vorsicht bei Käufen aus dem Internet! Bitte schauen Sie sich den Wagen an. Kaufen Sie nicht auf gut Glück und aufgrund der Beschreibungen. Man kauft sonst ja auch nicht die »Katze im Sack«. Fühlen Sie sich unsicher, nehmen Sie einen Insider mit, der weiß, worauf es beim Kutschenkauf ankommt. Welche Grundkriterien eine Kutsche mitbringen sollte, haben wir in diesem Kapitel schon erwähnt. Nun noch einige Tipps, was man bei der Begutachtung vor Ort überprüfen kann:

- Sind die Räder in Ordnung? Fluchten sie noch, d.h. sind sie eingespurt? Laufen sie gleichmäßig rund? Ein neuer Satz Stahlräder mit Hartgummi kostet heute je nach Größe zwischen 800 und 1400 €, ein Satz Lufträder inkl. Felgen ca. 700 €.
- Wie sieht das Radgummi aus? Sind die Kanten schon stark beschädigt? Löst sich eventuell das Gummi von der Felge? Das Aufvulkanisieren von neuem Radgummi kostet ca. 150 € pro Rad!
- Läuft der Drehkranz leicht? Der Drehkranz sollte kein Spiel haben.
- Funktionieren die Bremsen? Achten Sie bei der Bremsanlage auf Undichtigkeiten. Ruhig mal die Bremskabel und bei hydraulischen Bremsen den Bremsflüssigkeitsbehälter überprüfen.
- Sind alle wichtigen Reflektoren vorhanden?
- Wurde die Kutsche immer gut abgeschmiert? Schmiernippel überprüfen.
- Sind die Schweißnähte in Ordnung? Wie ist die Verarbeitung?
- Ist eine Schere/Gabel vorhanden? Ist sie längenverstellbar? Ist sie hinten breit genug?
- Ist eine Deichsel vorhanden? Längenverstellbar? Vorsicht bei alten Holzdeichseln! Zustand und Beschaffenheit kontrollieren!

Besondere Vorsicht gilt bei Eigenbauten. Meist entsprechen solche Kutschen nicht den Sicherheitsanforderungen. Ebenso wird selten auf den Achsabstand und die Sitzposition am Vorbau geachtet, sodass solche Kutschen oft sehr leicht kippen!

5 Der Fahrer – Fahren mit Gefühl und Verstand

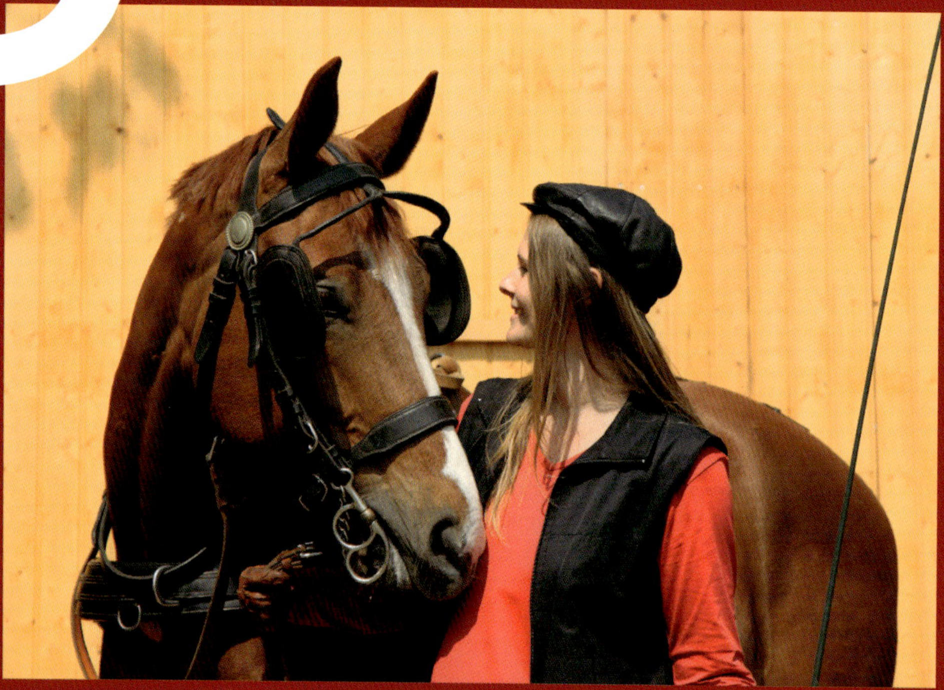

5. Der Fahrer – Fahren mit Gefühl und Verstand

Sicher Fahren lernen mit dem Achenbachschen Fahrsystem

In allen deutschen Fahrschulen wird das Fahren nach Benno von Achenbach gelehrt. Er lebte von 1861 bis 1936 und hat ein Fahrsystem entwickelt, das bis heute noch seine volle Gültigkeit hat. Es beruht auf Betriebssicherheit, Zweckmäßigkeit und Pferdeschonung.

Wenn man bedenkt, wie viele »Gurus« es beim Reiten gibt, die jeder auf seine Weise eine neue Reitlehre vorschlagen, hat sich beim Fahren dagegen das Achenbachsystem seit über 100 Jahren gehalten und als unschlagbar erwiesen. Dieses System kann ich jedem angehenden Fahrer nur ans Herz legen, auch wenn es zu Beginn durch die verschiedenen Leinenhaltungen und Griffe etwas knifflig erscheint. Denn nur so und nicht anders ist ein sicheres Fahren möglich! Gerade in der heutigen Zeit, in der die wenigsten Menschen noch um die Charaktereigenschaften und Instinkte der Pferde wissen und die Motorisierung immens fortgeschritten ist, ist es wichtig, ein solch sicheres Fahrsystem an der Hand zu haben. In kurzen Schritten möchte ich Ihnen dieses System nun näher bringen. Vorübungen kann man sicherlich, mit diesem Buch auf dem Schoß, zu Hause an einem »Fahrlehrgerät« allein machen, jedoch empfehle ich jedem, eine gute Fahrschule zu besuchen. Nichts ist schlimmer, als wenn man sich Ungenauigkeiten oder gar Falsches aneignet. Neu lernen ist immer besser und einfacher als Umlernen.

Das Fahrlehrgerät

Das Fahrlehrgerät ist zum Erlernen des Fahrens von immenser Wichtigkeit, denn hier kann der angehende Fahrer die Leinenhaltungen und Griffe erlernen und üben, ohne ein Pferd im Maul zu

Das Fahrlehrgerät – ideal für Trockenübungen.

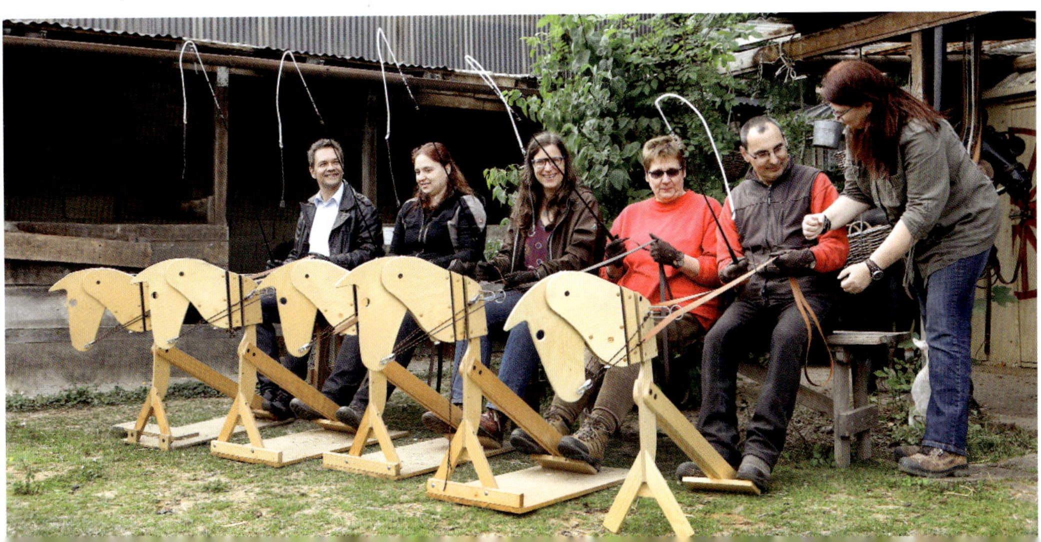

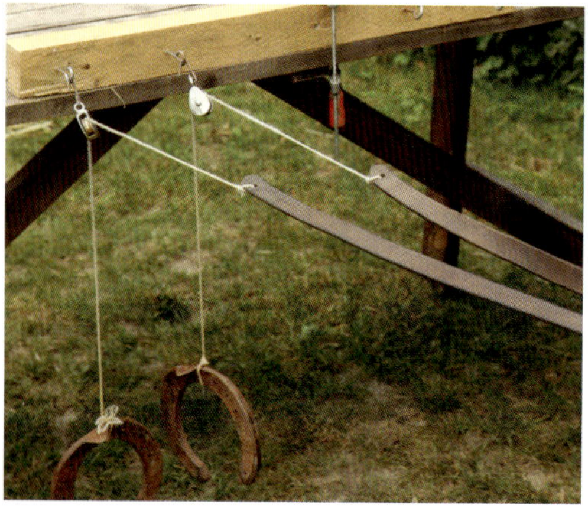
Selbstgebautes Fahrlehrgerät.

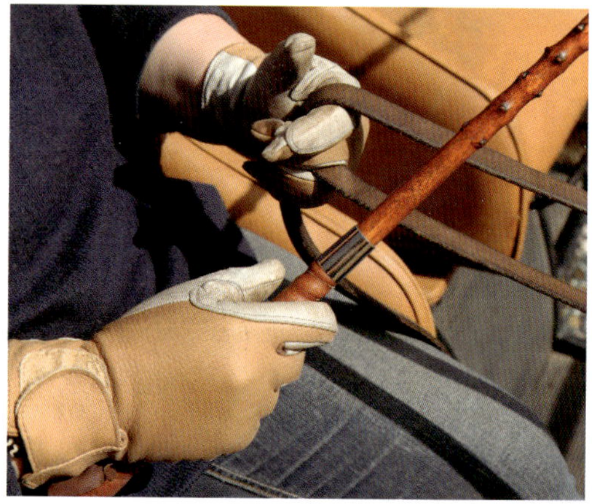
Grundhaltung.

stören. Die Griffe müssen verinnerlicht und die Motorik der Hände ständig verbessert werden. Jeder Griff sollte sitzen, und zwar so, wie ein Autofahrer ohne nachzudenken Gas, Kupplung und Bremse betätigt. Griffe, Haltungen und Hilfen müssen in Fleisch und Blut übergehen. Man sollte sich angewöhnen, auch am Fahrlehrgerät Handschuhe zu tragen und eine Peitsche in der Hand zu halten, um den Bedingungen am Gespann so nahe wie möglich zu kommen.

Um Zuhause die Haltungen und Griffe zu üben, ist der ***Bau eines Fahrlehrgerätes*** sinnvoll. Dies kann man sehr preisgünstig selbst herstellen.
Hier eine kleine Anleitung. Man benötigt:

- ein Vierkantholz oder ein stabiles Brett
- zwei Rollen aus Eisen (zwei Deckenhaken tun es auch)
- eine ca. 60 cm lange Schnur
- zwei 1-kg-Gewichte, z.B. mit Sand gefüllte Plastikflaschen oder gebrauchte Hufeisen
- als Leinenersatz: alte Zügel, am besten ohne Stege, oder auch Rollladengurte (ca. 2 m Länge).

Auf das Holzbrett schrauben wir nun die Deckenhaken im Abstand von 40 cm. Dann knoten wir an die beiden vorderen Enden der Leine je die Hälfte der Schnur. Diese ziehen wir durch die Deckenhaken und hängen am anderen Ende die Gewichte ran. Fertig! Unser Fahrlehrgerät können wir nun an eine Wand schrauben oder per Schraubzwinge an einem stabilen Tisch befestigen.
Eine gute Alternative zu den selbstgebauten Fahrlehrgeräten ist das patentierte Fahrlehrgerät von Ekkehard Encke (Adresse im Serviceteil). Es ist ein pferdeähnliches Gerät mit dem das Fahren wirklichkeitsnah nachempfunden werden kann. Der bewegliche Kopf, der ebenfalls bewegliche Hals und die dazwischen angeordnete Feder lassen die erforderlichen Kraft- und Wegverhältnisse so realistisch wie möglich darstellen. Auch die Biegung des Halses ist zu sehen. Markierungen, die sich zwischen Hals und Kopf befinden, zeigen die gewünschte Haltung vor der Senkrechten.
Man kann mit dem neuen Fahrlehrgerät sehr deutlich die Einwirkung der Hand auf das Pferdemaul und den Kopf nachempfinden. Dadurch wird deutlich, wie viel Druck allein nur durch Kneten der Leine vorn im Maul ankommt. Wird eine Peit-

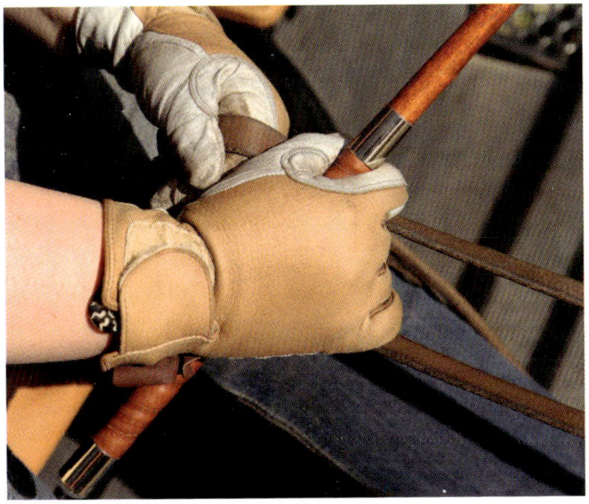

Gebrauchshaltung.

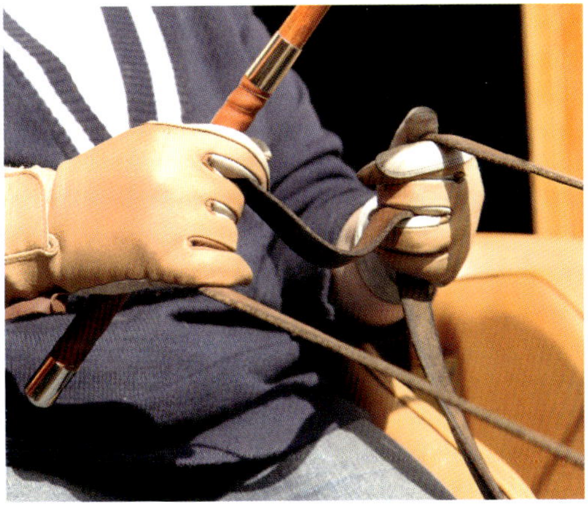

Arbeits- oder Dressurhaltung.

schenhilfe einmal nicht aus der freien Hand gegeben, kann man ebenso deutlich die Störung des Pferdes erkennen und nur durch leichtes Nachgeben Abhilfe verschaffen. Es ist also sehr interessant, wie dieses Fahrlehrgerät Aktion und Reaktion wiederspiegelt. Wir selbst nutzen diese modernen Fahrlehrgeräte seit geraumer Zeit in unserer Fahrschule. Wir sind alle begeistert, da sie sowohl dem Fahranfänger wie auch dem Fortgeschrittenen anschaulich und realitätsnah vermitteln, was genau am Pferd passiert. Es ist einsetzbar für alle Anspannungsarten.

Hände, Leine, Peitsche – Alles auf einmal?

Beim Achenbachsystem unterscheidet man drei Haltungen, um die Leinen sicher in der Hand zu halten. Daraus ergeben sich weitere, darauf aufbauende Griffe.

Die Grundhaltung

Bei der Grundhaltung liegen beide Leinen in der linken Hand, mit der glatten Seite (Haarseite) nach oben. Die linke Leine liegt auf dem Zeigefinger und die rechte Leine zwischen Mittel- und Ringfinger. Beide übereinander liegenden Leinen werden von den unteren drei Fingern der linken Hand umschlossen. Daumen und Zeigefinger sind leicht geöffnet. Die Hand steht ca. 15–20 cm vor der Körpermitte. Das Ende der Leine hängt über dem linken Oberschenkel ins Wageninnere, da es uns dort am wenigsten stört. In der rechten Hand halten wir die Peitsche. Diese zeigt mit der Spitze nach links vorwärts-aufwärts. Der Fahrer sitzt aufrecht, mit leicht gestreckten Beinen und behält alles im Blick.

In der Grundhaltung sind beide Leinen gesichert in einer Hand, also der linken. Der leicht geöffnete Daumen und Zeigefinger ist jederzeit bereit, die Peitsche zu übernehmen, falls man mit der rechten Hand anderweitige Dinge erledigen muss, wie Grüßen, Fahrtrichtungsanzeichen geben oder bei historischen Kutschen mit Spindelbremse bremsen.

Die Gebrauchshaltung

Ausgangshaltung ist die Grundhaltung. Die rechte

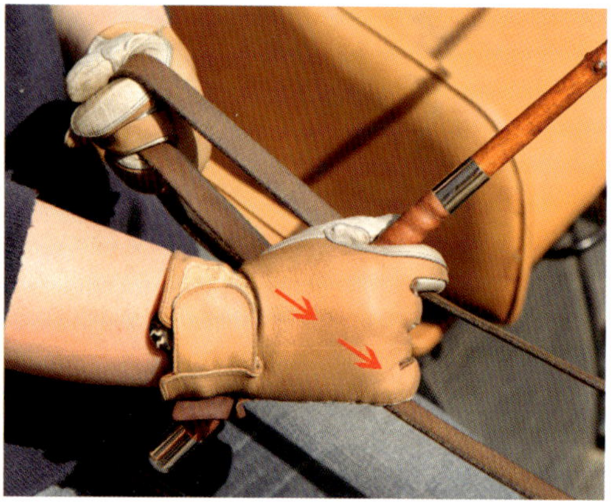

Verlängern beider Leinen.

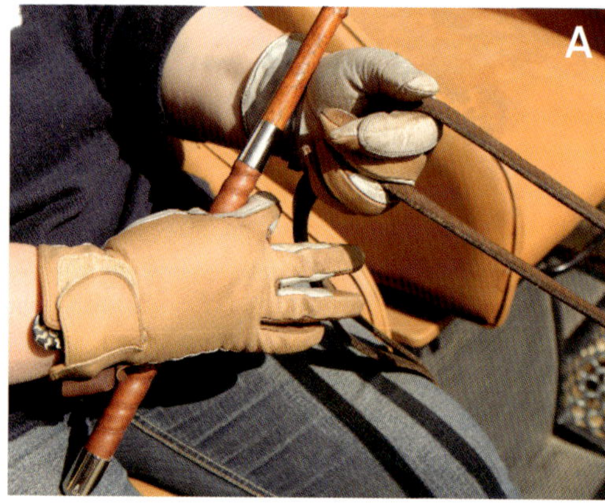

Verkürzen um ein größeres Stück. A: Rechte Hand greift hinter die linke.

Peitschenhand greift unmittelbar vor der linken Hand mit den unteren drei Fingern zwischen die Leinen. Mittel-, Ringfinger und kleiner Finger umfassen die rechte Leine, der Zeigefinger umschließt die linke Leine. Der Daumen bleibt über den Leinen und umfasst die Peitsche. Diese zeigt weiterhin nach links vorwärts-aufwärts.

Die Gebrauchshaltung ist die Basis für alle weiteren Griffe. Sie wird auch zur Entlastung der linken Hand bei längeren Geradeausfahrten eingesetzt.

Die Arbeits- oder Dressurhaltung

Zur Arbeits- oder Dressurhaltung gelangt man von der Grundhaltung über die Gebrauchshaltung. Dabei löst sich der Zeigefinger der rechten Hand von der linken Leine und zieht die rechte Leine nach rechts vorwärts aus der linken Hand heraus. Die linke Hand wandert dabei etwas nach links, sodass beide Hände aufrecht, parallel und symmetrisch vor der Körpermitte stehen. Die rechte Leine verlässt die linke Hand dabei nicht! Es entsteht also ein Zwischenstück. Dieses sollte ca. 15–20 cm lang und leicht angespannt sein. Der Abstand der Hände zum Körper ändert sich dabei nicht. Möchte man wieder zurück in die Gebrauchshaltung, so schiebt man das Zwischenstück wieder in die linke Hand hinein. Diese holt das Zwischenstück ab, sodass wieder beide Hände in Gebrauchshaltung vor der Körpermitte stehen.

Die Arbeits- oder Dressurhaltung wendet man an, wenn man mit dem Pferd arbeiten oder Dressur fahren möchte. Ebenso im Straßenverkehr und in heiklen Situationen, da man beidhändig schneller und besser auf die Pferde einwirken kann. Aus der Arbeits- oder Dressurhaltung können wir aber auch Wendungen auf dem Platz oder große weite Kurven im Verkehr fahren.

Leinen zu kurz? Leinen zu lang?

Das Verlängern und Verkürzen der Leinen geschieht immer aus der Gebrauchshaltung. Wir haben vier Griffe zum Verkürzen und einen Griff zum Verlängern beider Leinen. Wenn man einzelne Leinen verkürzen oder verlängern möchte, ist dies auch möglich. Man nennt dies »filieren«. Jetzt stellt sich die Frage: So viele Griffe lernen, obwohl ich die Leinen doch nur verkürzen oder verlängern

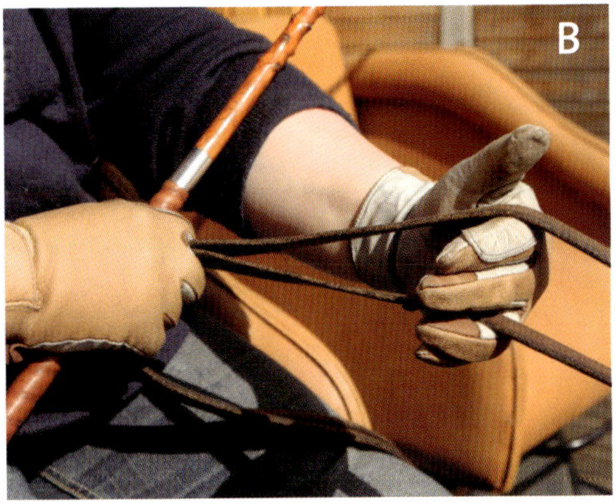

B: Rechte Hand hält die Leinen fest, während die linke Hand vorrückt.

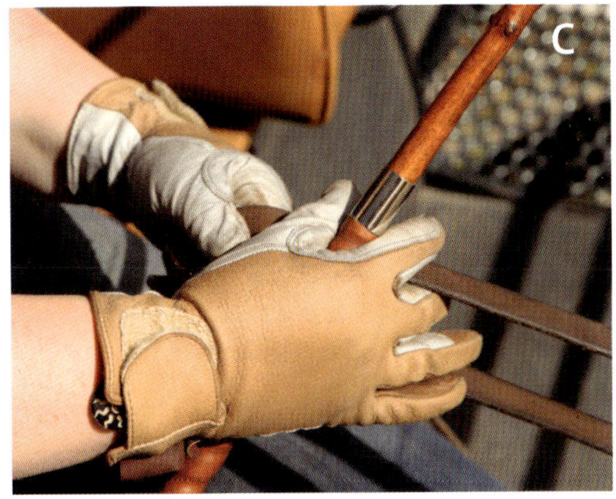

C: Rechte Hand geht in Gebrauchshaltung, dann wird angenommen.

möchte? Es könnte doch so einfach sein. Doch jeder dieser Griffe ist sinnvoll und erhöht unsere Sicherheit! Und das geht nur, wenn wir die Leinen sicher und mit Gefühl »bedienen« können, denn die Leinen sind das Einzige, was uns mit den Pferden verbindet, und da muss es passen.

Verlängern beider Leinen

Ausgehend von der Gebrauchshaltung zieht die rechte Hand beide Leinen in Richtung Pferdemaul um das benötigte Stück nach vorne heraus und gleitet anschließend wieder in die Ausgangsposition zurück. Wir haben die Möglichkeit, ein großes oder ein bis mehrere kleine Stücke herauszuziehen. Mehrere kleine Stücke herausziehen ist dabei die bessere Variante, da der Kontakt zum Pferdemaul nicht verloren gehen darf.

Verkürzen beider Leinen

Zentimeterweise

Dabei geht die rechte Hand auf beiden Leinen ein paar Zentimeter nach vorne und hält fest. Die linke Hand rückt nach. Sind die Hände wieder in Gebrauchshaltung, nehmen wir gefühlvoll an.

Diese Art des Verkürzens benötigen wir ständig. Um zwei Beispiele zu nennen: Wenn die Pferde uns fast unmerklich die Leinen ein Stückchen aus der Hand gezogen haben, oder auch vor dem Antraben, da die Pferde im Trab sich vermehrt aufnehmen, d.h. der Rahmen des Pferdes sich verkürzt und die Leinen sonst zu lang würden. Die Verbindung ginge verloren.

Um ein größeres Stück

Wir sind in der Gebrauchshaltung. Die rechte Hand verlässt die Leinen und greift hinter der linken Hand beide Leinen zwischen Zeige- und Mittelfinger. Die linke Hand geht daraufhin auf beiden Leinen ein großes Stück vor, während die rechte Hand die Leinen festhält. Dann setzt sich

Merke:

Das Verkürzen um ein bestimmtes Maß ist der einzige Griff im ganzen Fahrsystem, bei dem die linke Hand die Leinen verlässt!

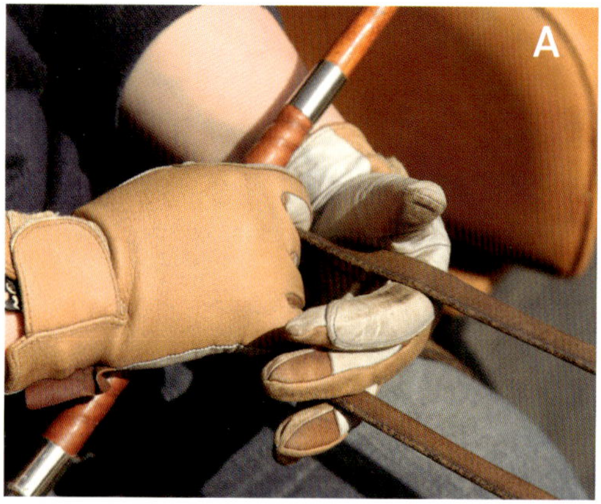

Verkürzen um ein bestimmtes Maß. A: Linke Hand setzt sich aus der Gebrauchshaltung heraus unmittelbar vor die rechte Hand.

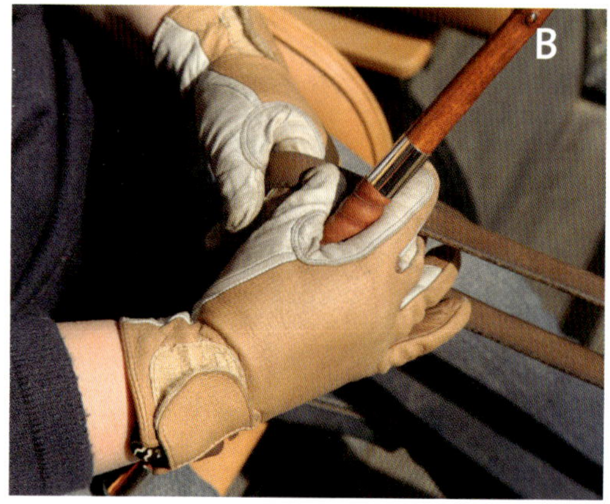

B: Rechte Hand geht in Gebrauchshaltung vor die linke, dann wird angenommen.

die rechte Hand vor die linke Hand in Gebrauchshaltung und wir nehmen gefühlvoll an.
Wann benötigen wir diese Art des Verkürzens? Immer wenn wir schnell verkürzen müssen, so zum Beispiel in einer solchen Situation: Wir fahren entspannt mit etwas längeren Leinen einen schönen Feldweg entlang. Aus dem nächsten Grasweg kommt ein Traktor. Um die Leinen zügig ein großes Stück zu verkürzen und den Kontakt herzustellen, ist dieser Griff der schnellste.

Um ein bestimmtes Maß, auch als »Hand vor Hand« bekannt

Wir haben die Leinen in der Gebrauchshaltung. Aus dieser Haltung heraus greift die linke Hand wie in der Grundhaltung unmittelbar vor die rechte Hand. Danach die rechte Hand unmittelbar vor die linke Hand, also Hand vor Hand. Sind die Hände wieder in der Gebrauchshaltung, wird gefühlvoll angenommen.
Diese Art des Verkürzens wählt man vor jeder Rechtswendung, also jeder Rechtskurve. Was hat ein Verkürzen mit einer Rechtskurve zu tun? Da wir rechts auf dem Bock sitzen, entspricht der Leinenkreis nicht dem Deichselkreis. Wenn wir vom hiesigen Straßenverkehr ausgehen, fahren wir im Rechtsverkehr. Stellen wir uns nun in Gedanken eine Linkskurve und dann eine Rechtskurve vor. In der Linkskurve bewegen sich die Pferde von uns weg, in der Rechtskurve bewegen sie sich auf uns zu, kommen also näher in Richtung des Fahrers. Da die Pferde in der Rechtskurve auf uns zu kommen, verkürzt sich der Weg der Leinen. Was passiert? Die Leinen fangen an durchzuhängen und der Kontakt zu den Pferden geht verloren. Damit das nicht passiert, verkürzen wir deshalb vor jeder Rechtswendung die Leinen. Da hat sich der gute Achenbach Gedanken gemacht! Und so haben wir beim Verkürzen um ein bestimmtes Maß genau das Maß, das wir benötigen, um eine Rechtswendung fahren zu können, ohne den Kontakt zu den Pferden zu verlieren.

Vorübergehend scharfe Parade (Notbremse) oder auch vorübergehendes Verkürzen

Wir sind wieder in Gebrauchshaltung. Nun geht

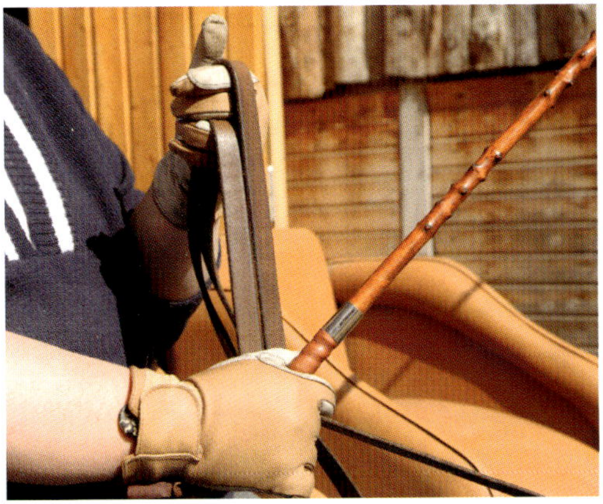

Vorübergehendes Verkürzen / scharfe Parade.

Merke:

Das Leinenmaß richtet sich immer nach dem Rahmen des Pferdes. Zum Beispiel ist im Schritt der Rahmen des Pferdes größer als im Trab, deshalb werden beim Antraben die Leinen etwas verkürzt. Fährt man bergauf, wird der Rahmen weiter, bergab schiebt sich das Pferd zusammen, die Leinen müssen entsprechend verlängert oder verkürzt werden.

die rechte Hand auf beiden Leinen ein großes Stück, ca. 30 cm, vor und hält fest. Die rechte Hand nimmt beide Leinen an. Die linke Hand weicht nach links oben aus. Geht man in Ausgangsposition zurück, hat man sein Leinenmaß wie zuvor.

Wendet man diese Art des Verkürzens als scharfe Parade an, so wird in Notsituationen schnell und nicht gerade gefühlvoll angenommen. Hierbei geht es darum, den »Karren« so schnell wie möglich zum Stehen zu bringen, um niemanden zu gefährden. Fährt man an eine Ampel oder eine Kreuzung, kann man dieses vorübergehende Verkürzen auch anwenden, dann aber in gefühlvoller Variante, um die Pferde kurz zu parieren und im Anschluss mit dem gleichen Leinenmaß wie zuvor weiterfahren zu können.

Verkürzen und Verlängern einzelner Leinen – Filieren

Verkürzen der linken Leine

Möchte man die linke Leine verkürzen, so greift der Zeigefinger der rechten Hand aus der Gebrauchshaltung auf der linken Leine etwas vor und schiebt diese in die linke Hand hinein. Dreh- und Angelpunkt sind dabei die unteren drei Finger der rechten Hand.

Verlängern der linken Leine

Möchte man die linke Leine verlängern, so greift der Zeigefinger der rechten Hand aus der Gebrauchshaltung die linke Leine und zieht sie aus der linken Hand heraus. Dreh- und Angelpunkt bleiben dabei die unteren drei Finger der rechten Hand.

Verkürzen der rechten Leine

Möchte man die rechte Leine verkürzen, so greifen die unteren drei Finger der rechten Hand aus der Gebrauchshaltung auf der rechten Leine vor und schieben diese in die linke Hand hinein. Dreh- und Angelpunkt ist dabei der Zeigefinger der rechten Hand.

Verlängern der rechten Leine

Möchte man die rechte Leine verlängern, so greifen die unteren drei Finger der rechten Hand aus der Gebrauchshaltung die rechte Leine und ziehen diese aus der linken Hand heraus. Dreh- und Angelpunkt ist dabei der Zeigefinger der rechten Hand.

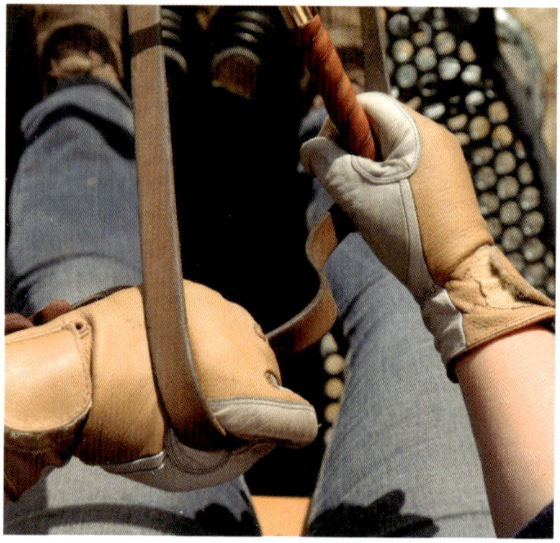

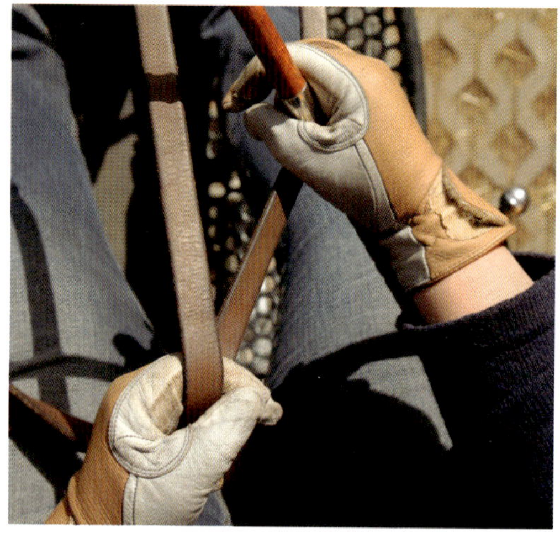

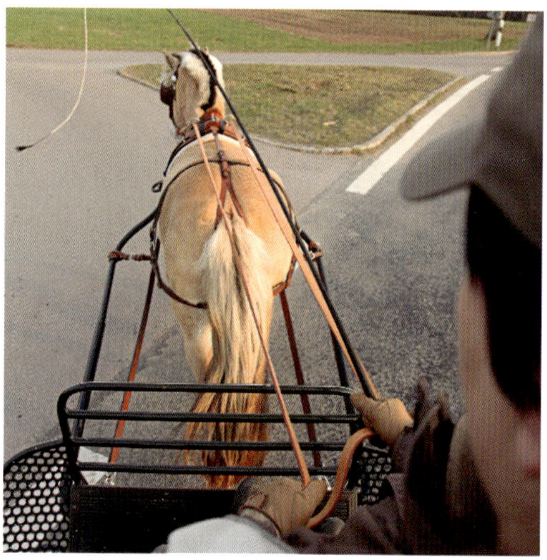

Linkswendung wird eingeleitet durch Nachgeben der rechten Leine.

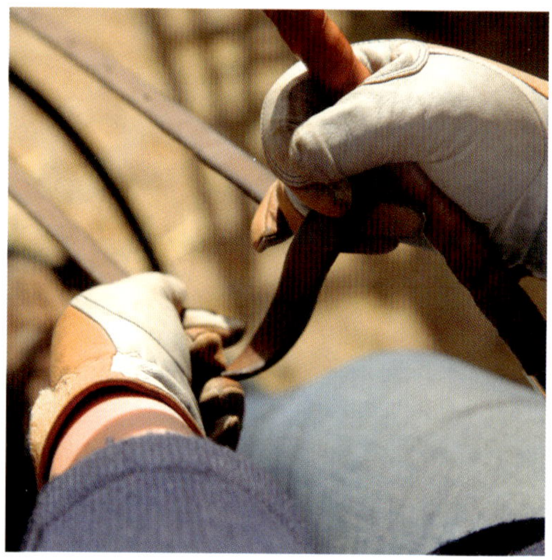

oben: Rechtswendung – Druckpunkt setzen.
unten: Links nachgeben.

Beim Filieren sollte man stets darauf achten, dass man mit der Peitsche die Pferde nicht berührt. Durch das Filieren gerät die Peitsche in eine Nickbewegung, deshalb muss es intensiv geübt werden.

Wie fahre ich Kurven?

Vorab ist zu sagen, dass wir Wendungen nur durch Nachgeben der äußeren Leine einleiten. Das heißt: Wollen wir nach rechts, dann ziehen wir nicht an der rechten Leine, sondern geben mit der linken

Leine nach. Des weiteren möchten wir, dass die Pferde in die neue Richtung gestellt sind, also in die Richtung schauen, in die wir fahren möchten.

Die Linkswendung

Wir begeben uns nun in die Arbeits- oder Dressurhaltung. Befinden wir uns im Straßenverkehr, so sollte unser Beifahrer das Verkehrszeichen nach links geben, und zwar ca. 15 m vor der Kurve. Wir fahren auf die Wendung zu und schauen uns um. Befindet sich der Kammdeckel oder das Selett in Höhe der Mitte der neuen Straße (z.B. auf Höhe der Mittellinie), leiten wir durch Nachgeben der rechten Leine die Wendung ein. Bei Bedarf drehen wir die linke Leine über den Handrücken der linken Hand nach oben ein, um den Pferden die Richtung und die Stellung vorzugeben. Ist die Wendung drei Viertel durchfahren, das heißt die Pferde schauen in die neue Fahrtrichtung, drehen wir die linke Hand aus und die rechte geht in Ausgangsposition zurück.

Da in der Linkswendung ein großer Bogen gefahren wird, kann die Wendung im Schritt und auch im verkürzten Trab gefahren werden, sofern die Kreuzung, Einmündung oder Kurve einsehbar ist.

Die Rechtswendung

Wir befinden uns im Straßenverkehr und möchten in die nächste Straße rechts einbiegen. 15 m vor der Kurve bitten wir den Beifahrer, Handzeichen zu geben. Wir fahren im Schritt und verkürzen ca. 5 m vorher die Leinen »um ein bestimmtes Maß«. Wir setzen den Druckpunkt, das heißt, wir gehen mit der rechten Hand auf der rechten Leine noch ca. 15 cm vor und halten diesen Punkt fest. Dann schauen wir uns um und leiten die Wendung durch Nachgeben der linken Leine ein, sobald sich der Kammdeckel oder das Selett in Höhe der Bordsteinkante befindet. Die linke Hand kippt

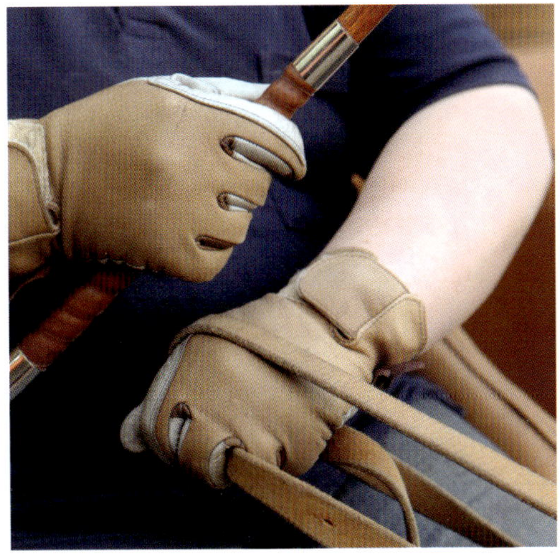

Links heranfahren aus der Grundhaltung.

dabei nach vorwärts-abwärts ab und schiebt sich unter die rechte Hand. Je nach Bedarf drehen wir die rechte Hand nach innen um den Peitschenstock ein, um den Pferden die Richtung und Stellung zu geben. Ist die Wendung drei Viertel durchfahren, die Pferde sind also auf der neuen Geraden angekommen, gehen die Hände in die Ausgangposition zurück. Zuerst dreht die rechte Hand aus, die Linke stellt sich auf und die Rechte geht wieder in die Gebrauchshaltung. Da wir vor der Wendung verkürzt haben, müssen wir nach der Wendung um das zuvor verkürzte Maß wieder verlängern.

Eine Rechtskurve wird grundsätzlich im verkürzten Schritt gefahren, da die Pferde in der engen Rechtswendung vermehrt übertreten müssen und deshalb die Gefahr von Verletzungen, überwiegend Kronentritten, besteht.

Links heranfahren mit einer Hand

Wir sind in Grundhaltung und möchten links her-

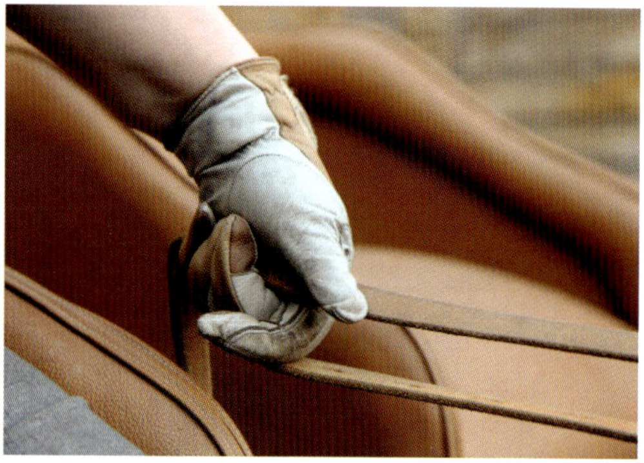

Rechts heranfahren aus der Grundhaltung.

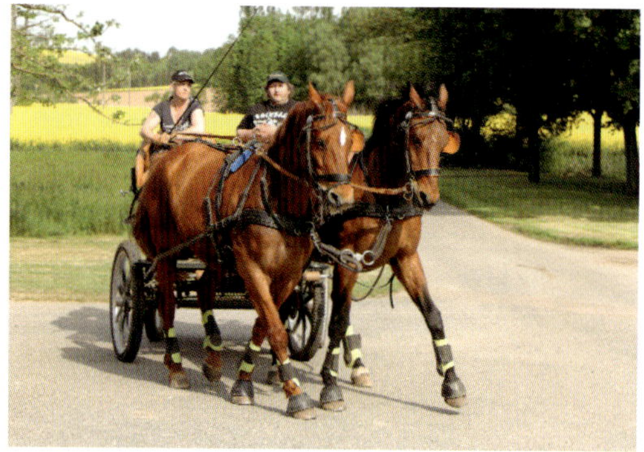

Die Linksum-Kehrtwendung.

anfahren. Also drehen wir die linke Leine über den Handrücken ein und führen die linke Hand je nach Bedarf zur rechten Hüfte.

Links heranfahren mit beiden Händen

Wir sind in Arbeits- oder Dressurhaltung und können einfach durch Nachgeben der rechten Leine und bei Bedarf durch Eindrehen der linken Leine links heranfahren.

Rechts heranfahren mit einer Hand

Wir sind in Grundhaltung und möchten rechts heranfahren. Also kippen wir die linke Hand nach vorne ab, Daumen und Zeigefinger drücken auf die rechte Leine, während die Hand je nach Bedarf zum linken Oberschenkel wandert.

Rechts heranfahren mit beiden Händen

Wir sind in Gebrauchshaltung. Die rechte Hand geht auf der rechten Leine ca. 15 cm nach vorne und setzt den Druckpunkt, also hält dort fest. Die linke Hand gibt nach, indem sie nach vorwärts-abwärts kippt, sich im Bedarfsfall unter die rechte Leine schiebt, während wir mit der rechten Hand noch um den Peitschenstock eindrehen können.

Die Linksum-Kehrtwendung

Wir befinden uns mal wieder im Straßenverkehr und sind aus Versehen in eine Sackgasse gefahren. Dann sollten wir kontrolliert wenden können. Deshalb sehen wir uns die Linksum-Kehrtwendung genauer an.

Wir möchten wenden und suchen uns dafür, um die Pferde zu schonen, den größtmöglichen Wendeplatz. Wir schauen uns nach rechts um, denn wir möchten ziemlich rechts heranfahren, um den Radius zu vergrößern. Wir bitten den Beifahrer um Handzeichen nach links. Dann fahren wir möglichst weit rechts heran und verkürzen das Tempo, also die Leinen, bis fast zum Halten. Wir schauen uns jetzt nach links um. Ist der Weg frei, so leiten wir die Wendung ein, indem wir die rechte Leine zweimal um ca. 10 cm aus der linken Hand nach vorne in Richtung Pferdemaul herausziehen, während die linke Leine über den Handrücken eingedreht wird. Wichtig ist beim Verlängern der rechten Leine, dass die Verbindung zum Pferdmaul erhalten bleibt. Ist die Wendung drei Viertel durchfahren, die Pferde schauen also in die neue Fahrtrichtung, nehmen wir mit der rechten Hand die rechte Leine aus der linken Hand heraus und hinterlegen sie hinter die linke Hand, sodass wir uns wieder in Grundhaltung befinden. Jetzt gehen wir in die Gebrauchshaltung und verlängern beide Leinen um das zuvor verkürzte Maß, damit die Pferde wieder zum freien Schreiten kommen.

Bei der Linksum-Kehrtwendung ist es wichtig, die Pferde nicht zu schnell in die Wendung laufen zu lassen – Verletzungsgefahr! Dann lieber die Wendung aus dem Halten heraus einleiten. Es gilt: Sind die Pferde in der Wendung zu schnell, können wir die rechte Leine vermehrt annehmen, kommen die Pferde ins Stocken, so können wir die rechte Leine noch etwas verlängern.

Rechtsum-Kehrtwendung

Bei der Rechtsum-Kehrtwendung müssen wir möglichst weit links heranfahren. Dann verkürzen wir die Leinen bis fast zum Halten. Die rechte Hand hinterlegt die rechte Leine hinter die linke Hand und greift gleich wieder ca. 15 cm vor, um den Druckpunkt zu setzen. Jetzt gibt die linke Hand nach indem sie sich nach vorwärts-abwärts dreht und unter die rechte Hand schiebt. Je nach Bedarf, drehen wir die rechte Hand noch um den Peitschenstock ein. Wenn die Wendung drei Viertel durchfahren ist, wird die rechte Hand ausgedreht, die linke Hand stellt sich auf, die rechte Hand zieht die rechte Leine aus der linken Hand gefühlvoll heraus, bis die Pferde wieder geradeausgestellt sind. Nun werden beide Leinen um das zuvor verkürzte Maß wieder verlängert.

Die Rechtsum-Kehrtwendung ist im Straßenverkehr verboten, da man bei dieser Wendung die Fahrbahnseite wechseln müsste. Außerdem besteht eine höhere Kippgefahr, sobald sich in der Rechtsum-Kehrtwendung das Rad unter den Schwerpunkt des Fahrers schiebt. Bevorzugt wird die Linksum-Kehrtwendung gefahren, da diese feiner durchzuführen ist, weil sich die Pferde von uns weg bewegen. Dennoch kann es Situationen geben, die eine Linksum-Kehrtwendung nicht zulassen, so zum Beispiel, auf einem Weg, der links stark abfällt.

Merke: Nie zum Abhang hin wenden!

So, das waren die Haltungen und Griffe des Achenbachschen Fahrsystems. Ich kann jedem nur nahelegen, sich dieses genial durchdachten, äußerst bewährten und sicheren Fahrsystems zu bedienen. Auch wenn man sich zu Beginn schwer tut und sich manchmal nicht mehr bewusst ist, wo links und rechts ist und welcher Finger eigentlich wohin gehört: Aller Anfang ist schwer, aber es wird sich auszahlen. Keinem von uns Fahrern ging es anders! Und außerdem: Üben Sie auch der Pferde wegen!

Die sieben Achenbachschen Grundsätze

Benno von Achenbach hat uns ein gut durchdachtes, ausgeklügeltes, äußerst praktisches und sicheres Fahrsystem hinterlassen, das auf sieben Grundsätzen beruht.

Grundsatz 1

Zum korrekten Fahren nach Achenbach gehören die Achenbachsche Kreuzleine, die feste Bracke und die Peitsche in der Hand des Fahrers. Warum? Nur mit der festen Bracke können die Vorteile der Achenbachleine richtig genutzt werden, da sich die Abmessungen der Leine, bei vorhandenem Fixpunkt am Wagen, auf die Pferde übertragen können.

Grundsatz 2

Auf korrektem Ein- und Zweispännigfahren ist Vier- und Mehrspännigfahren aufgebaut. Der Fahrer muss nicht umlernen, sondern nur dazulernen.

Grundsatz 3

Alle Leinen sind in der linken Hand vereint. Die rechte Hand muss jederzeit frei sein können zum Grüßen, Bremsen, Peitschengebrauch und zum Geben von Fahrtrichtungszeichen.

Grundsatz 4

Durch die Senkrechtstellung der Hände in der Grund- sowie der Arbeits- oder Dressurhaltung wird das Fahren von Wendungen lediglich durch Drehen der Handgelenke ermöglicht. Eine der wichtigsten Voraussetzungen, um den Pferden auch Paraden mit Gefühl geben zu können.

Grundsatz 5

Alle Wendungen werden durch Nachgeben der äußeren Leine eingeleitet. Allen Wendungen geht immer ein Verkürzen des Tempos voraus. Warum? Das äußere Pferd kommt so vermehrt zum Arbeiten und zieht den Wagen besser in die Wendung. Außerdem werden Stellung und Biegung in die Fahrtrichtung ermöglicht.

Grundsatz 6

Rechts- und Linkswendungen sind grundsätzlich verschieden und werden deshalb auch verschieden gefahren. Warum? Der Fahrer sitzt rechts auf dem Bock. In der Linkskurve gehen die Pferde vom Fahrer weg, während sie in der Rechtswendung näher kommen. Man spricht davon, dass der Deichselradius nicht dem Leinenradius entspricht.

Merke:

Wer die Grundsätze des Achenbach-Systems verinnerlicht, wird sicher und pferdeschonend fahren, sodass Fahrer und Pferd auf lange Zeit viel Freude miteinander haben.

Grundsatz 7

Das Gleitenlassen einer oder mehrerer Leinen macht korrektes Fahren unmöglich und ist im Straßenverkehr gefährlich und deshalb verboten. Warum? Ein Gleitenlassen der Leinen kann nie kontrolliert sein. Dadurch kann es zu gefährlichen Situationen kommen.

Sicher aufsteigen durch das richtige Aufnehmen der Leinen

Damit wir das Gespann während des Aufsteigens, bis wir uns auf den Bock hinsetzen, sicher in der Hand haben, müssen wir noch am Boden das richtige Leinenmaß bemessen. Dies wird mittels einer Abfolge von mehreren Schritten, dem sogenannten »Aufnehmen der Leinen« ermittelt. Somit haben wir, falls eine Gefahrensituation auftritt, wenigstens etwas die Kontrolle über die Bewegung des Gespanns. Hätten wir die Leinen einfach irgendwie in der Hand, so wüssten wir nicht, in welche Richtung »die Reise« der erschrockenen Pferde geht.

1. Nachdem die Pferde am Wagen angespannt sind, gehen wir um das gesamte Gespann herum und schauen, ob alles richtig verschnallt ist, kontrollieren nochmals die Leinen, Gebisse und Kinnketten. Unser Beifahrer steht vorne am Pferd.
2. Wir stellen uns in Höhe des Kammdeckels oder des Seletts auf, mit Blick zum Pferd, eine Armlänge entfernt und nehmen die Leinen aus der Verwahrung. Wir legen die Leinen geordnet, mit der glatten Haarseite nach oben und von innen nach außen, über den linken Unterarm, die linke Leine in Richtung Handgelenk und die rechte Leine in Richtung Ellbogen.
3. Dann ergreifen wir mit der rechten Hand die rechte Leine zwischen Zeige- und Mittelfinger, hinter der Kreuzschnalle bei der Zweispännerleine bzw. hinter dem Nahtstück bei der Einspänner-

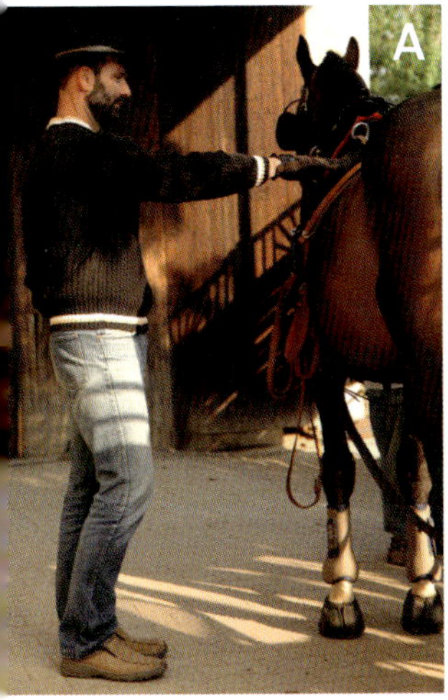

A: Aufstellung nehmen mit einer Armlänge zum Kammdeckel.

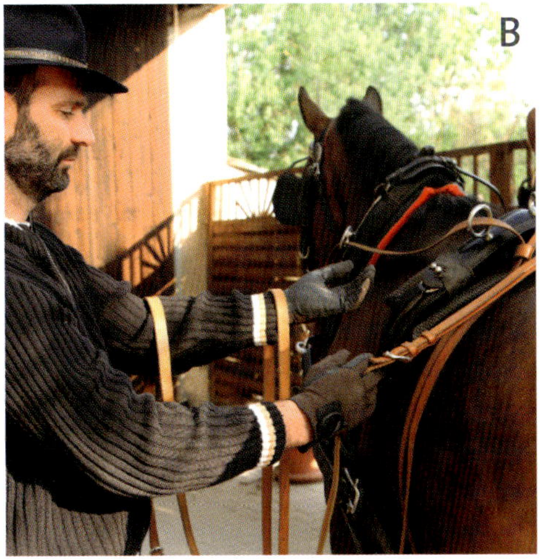

B: Leinen ordnen, dann auf der rechten Leine Verbindung aufnehmen.

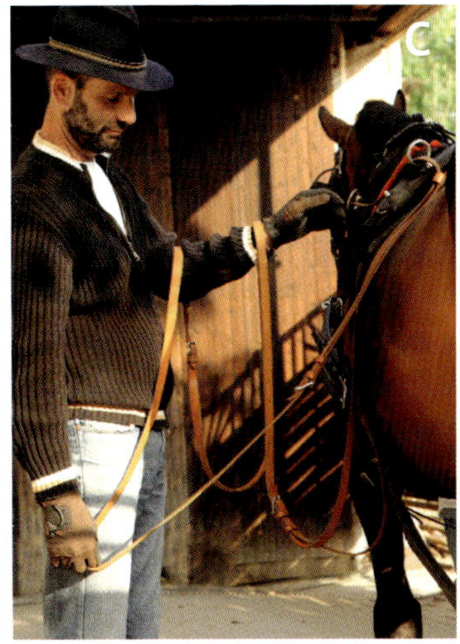

C: Bis in die Senkrechte verlängern, diesen Punkt unbedingt festhalten.

leine. Als nächstes nehmen wir die Leine an, bis wir Kontakt zum Pferdemaul haben. Dann gleiten wir mit der rechten Hand entlang der Leine bis zur Senkrechten (Hosennaht) herab. Diesen Punkt halten wir unbedingt fest.

4. Wir nehmen nun die rechte Hand mit dem fixierten Punkt wieder nach oben und übergeben mit der linken Hand die linke Leine in die rechte Hand zwischen Daumen und Zeigefinger.

Dann schieben wir die linke Leine mit der linken Hand so weit nach vorne, bis sie 5 cm länger ist als die fixierte rechte Leine. Wir orientieren uns am mittleren 6. Loch der Zweispännerleine, oder am Nahtstück der Einspännerleine. Warum? Wir verlängern die linke Leine um ca. 5 cm, da wir rechts auf dem Kutschbock sitzen. Die Leine hat somit einen längeren Weg. Sitzen wir in der Mitte, dürfen wir die linke Leine nicht verlängern.

5. Haben wir die linke Leine verlängert, können wir beide Leinen der linken Hand in Grundhaltung übergeben.

6. Je nach Abstand der Pferde zum Wagen und je nach Höhe des Wagens verlängern wir bei Bedarf beide Leinen um das benötigte Stück in der uns bekannten Gebrauchshaltung.

7. Wir legen uns eine Sicherheitsschleife auf der linken Leine unter den Daumen und gehen dann seitwärts-rückwärts mit Blick zu den Pferden in Richtung Kutsche und steigen auf.

Warum? Die Sicherheitsschleife wird gelegt, damit die Pferde durch die links verlängerte Leine nicht nach rechts von uns weglaufen, sollten sie aus welchem Grund auch immer antreten, bevor wir auf dem Wagen sitzen.

8. Auf dem Weg zum Kutschbock lassen wir die Sicherheitsschleife gleiten. Wir setzen uns, nehmen das Leinenende vom Unterarm und legen es über den linken Oberschenkel ins Wageninnere, nehmen die Peitsche, übergeben sie in die linke Hand und öffnen möglichst geräuschlos die Bremse. Dann übergeben wir die Peitsche wieder der rechten Hand und sind bereit zum Losfahren.

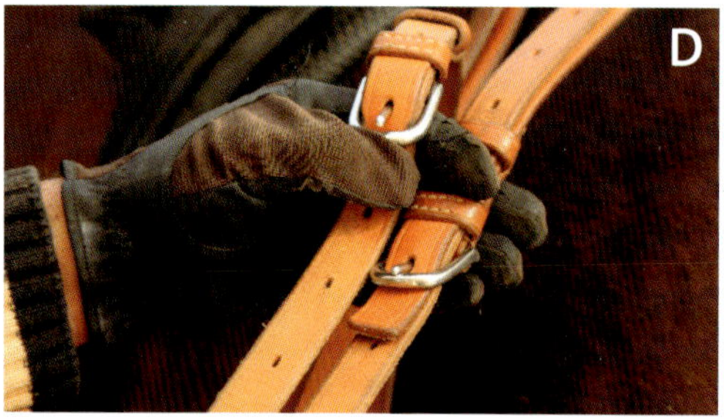

D: Linke Leine um 5 cm verlängern.

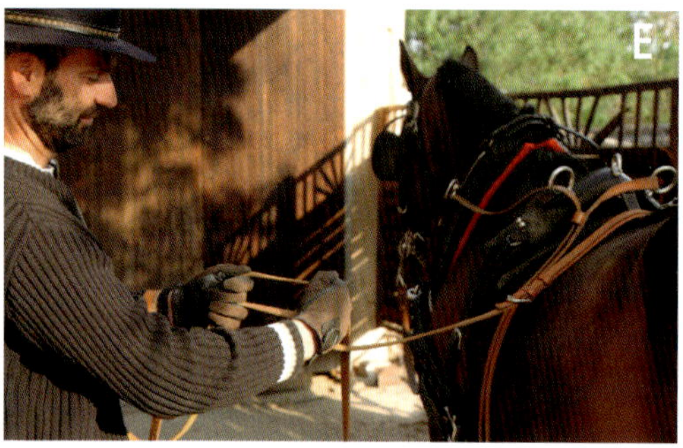

E: Verlängern beider Leinen je nach Abstand zum Wagen.

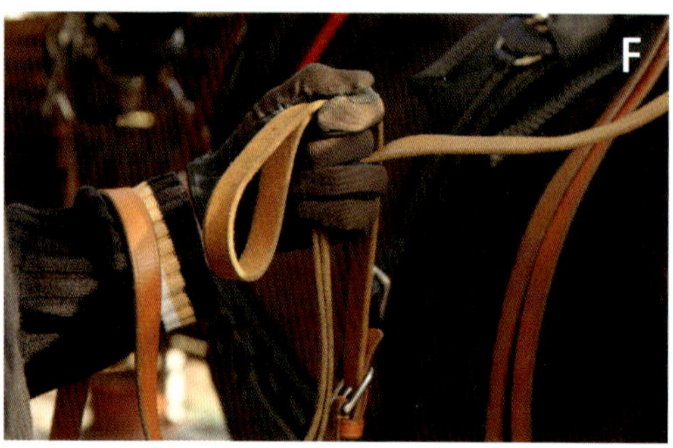

F: Sicherheitsschleife legen.

Korrektes Absteigen vom Wagen

Wieder zuhause angekommen, lässt der Fahrer zuerst alle Mitfahrer absteigen. Der Beifahrer stellt sich vor das Pferd. Der Fahrer steckt nun die Peitsche in den Köcher, betätigt die Feststellbremse

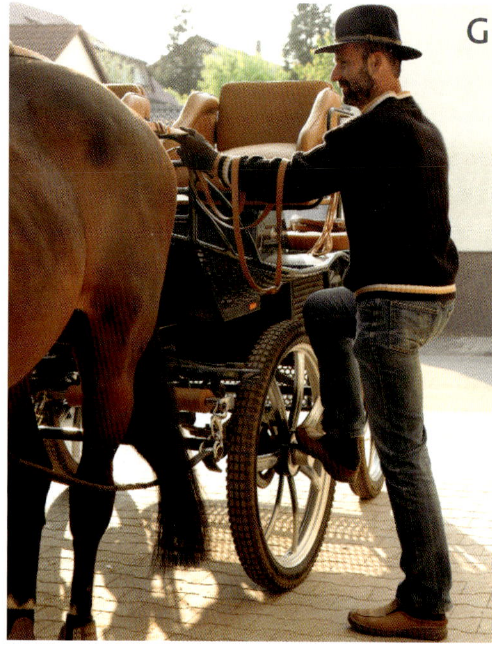

G: Jetzt wird aufgestiegen.

und legt das Ende der Leine über seinen linken Unterarm. Dann steigt er rückwärts ab – nie vorwärts! Treten die Pferde an, kann man sich beim rückwärts Absteigen notfalls wieder hochhangeln. Steigt man in so einer Situation vorwärts ab, könnte es sein, dass man die Kutsche in den Rücken bekommt.

Fahrerhilfen – Kommunikation mit dem Pferd

Wichtig für feines und gutes Fahren ist, dass der Fahrer ein Gefühl für das Pferd entwickelt, dass er lernt, die Hilfen fein abzustimmen und bereit ist, diese ständig zu verfeinern. Der Fahrer sollte vorausschauend fahren, damit er heikle Situationen im Ansatz erkennen, einschätzen und vorbeugend darauf einwirken kann. Er sollte unterscheiden können, ob ein Pferd ungehorsam oder ängstlich ist, ob es unter- oder überfordert ist, und mit entsprechenden Hilfen reagieren. Folgende Hilfen hat er zur Verfügung: Leinen-, Peitschen-, Stimm- und Bremshilfe. Alle Hilfen müssen zusammenwirken, denn nur so tritt der gewünschte Erfolg ein.

Die Leinenhilfen

Wir unterscheiden annehmende, nachgebende und durchhaltende Leinenhilfen.

Die Stimmhilfe

Die Stimme kann auffordernd und beruhigend eingesetzt werden. Die Tonlage ist entscheidend. Stimmkommandos sollten eindeutig sein. Es hilft, wenn das Pferd seinen Namen kennt und man es im Gespann direkt ansprechen kann. Als Grundkommandos gelten »Scheeeritt«, »Teeerab«, »Gaaalopp« und »Haaalt«! Die Aufforderung »Komm« dient zum Anfahren.

Merke:

Setzt man die Peitsche weiter hinten, in Richtung Kruppe ein, könnte das Pferd ausschlagen.
Peitschenhilfen sollten immer aus der freien Hand, d.h. aus der Grundhaltung heraus, gegeben werden, damit das Pferd nicht im Maul gestört wird.
Die Peitsche sollte so lang sein, dass der Fahrer bei aufrechter Haltung an die äußere Seite des Kammdeckels beim linken Pferd herankommt, ohne sich vorzubeugen.

Man kann sich gerne auch mit einem »Brrrrr« oder »Hoho« Gehör verschaffen, sollte das Gespann mal ins Laufen kommen. Pferde reagieren sehr gut auf Stimme, deshalb machen Sie sich die Stimme zu Nutze! Sprechen Sie mit den Pferden.

Die Peitschenhilfe

Die Peitsche in der Hand des Fahrers ist unverzichtbar, nicht nur aus Sicherheitsgründen, sondern auch zur Unterstützung der Pferde. Auch wenn Ihnen die Peitsche zu Beginn Ihrer Ausbildung als Störfaktor vorkommt, halten Sie daran fest! Die Fahrpeitsche ist der Schenkelersatz des Fahrers. Sie würden ja auch nicht ohne Schenkel reiten.
Es gibt verschiedene Arten von Peitschenhilfen:

Die treibende Peitschenhilfe

Die Peitsche wird eine Handbreit hinter dem Kammdeckel oder Selett von unten nach oben angelegt. Die Leinen werden dabei nachgegeben. Mit »hinter dem Kammdeckel« meine ich in Richtung der Kutsche, nämlich da, wo der Reiterschenkel liegen würde.

Die versammelnde Peitschenhilfe

Die Peitsche wird eine Handbreit hinter dem Kammdeckel oder Selett von unten nach oben angelegt. Die Leinen werden dabei angenommen.

Die verwahrende Peitschenhilfe

Die Peitsche wird auf der Seite des Pferdes dicht am Kammdeckel oder Selett angelegt, an der sich »das Problem« befindet, also die Biegung fehlt.

Die Bremshilfe

Die Bremse wird eingesetzt bei Bergabfahrten, um die Pferde zu entlasten. Die müssten nämlich ansonsten den Wagen selbst aufhalten. Gebremst wird auch, wenn wir von einer höheren Gangart in eine niedrigere wechseln möchten. Müssten die Pferde beim Durchparieren selbst den Wagen aufhalten, würden sie in der Balance gestört werden. Das hat meist Taktstörungen zur Folge. Harmonischer klappt der Übergang, wenn der Fahrer zu der annehmenden Leinenhilfe die Bremse betätigt.

> **Merke:**
>
> ***Die Bremse wird nie alleine betätigt! Immer nur im Zusammenhang mit der Leine und bei Bedarf noch der Stimme. Wird ein Gespann schneller und man betätigt nur die Bremse, reagieren die Pferde mit noch mehr Zugkraft. Warum? Weil sie gelernt haben, ihren Job zu machen, d.h. sie versuchen, jegliches Gewicht wegzuziehen. Für die Pferde fühlt sich ein Wagen mit angezogener Bremse einfach nur schwerer an.***

Ausrüstung des Fahrers

Die richtige Kleidung auf dem Kutschbock

Der Freizeitfahrer

Der Fahrer sollte bequeme, zweckmäßige und dem Wetter angepasste Kleidung, festes Schuhwerk und Handschuhe tragen. Die Handschuhe sorgen dafür, dass der Fahrer die Leinen fest im Griff hat. Eine Kopfbedeckung ist sinnvoll und gehört ebenfalls zur Fahrerkleidung. Fährt man gegen die Sonne oder im Wald, schützt sie den Fahrer, der beide Hände an den Leinen haben muss. Bockschürzen, die sich der Fahrer um die Beine legen kann, gibt es für jede Witterung, ganz speziell auch gegen Regen und Kälte.

Der Stilfahrer

Wir unterscheiden beim Fahren zwei Arten von Stilen, die Stadtanspannung mit Kumt und die Landanspannung mit Brustblatt. Diese findet man im Bereich Traditionsfahren und Turniersport. Fährt ein Fahrer in Stadtanspannung, das heißt mit Kumtgeschirr und lackierter Kutsche, so trägt er einen dunklen oder auch grauen Anzug. Als Kopfbedeckung gehört ein Zylinder dazu. Dieser ist grau, falls der Fahrer der Eigner des Gespannes ist, oder schwarz für den angestellten Kutscher. In der Hand hält der Fahrer eine Bogenpeitsche. Die Beifahrer sind mit weißen Hosen, Stulpenstiefeln, einer Livree und schwarzem Zylinder ausgestattet.

Fährt ein Fahrer in Landanspannung, das heißt mit Brustblattgeschirr und Holzkutsche, so ist er viel lockerer und legerer gekleidet als der Fahrer in Stadtanspannung. Ein schöner Anzug in gedeckten Farben tut es ebenso wie der Trachtenjanker. Auf den Kopf gehört ein weicher Hut. Das kann ein schöner Wollfilzhut, eine Fahrerkappe oder auch ein netter Strohhut sein. In der Hand trägt der Fahrer stilecht eine Stockpeitsche. Der Beifahrer kleidet sich passend zum Fahrer. Bei den Damen spricht auch nichts dagegen, ein fesches Dirndl anzuziehen!
Was bei beiden Stilen auf jeden Fall dabei sein muss, sind Handschuhe für Fahrer und Beifahrer sowie eine farblich passende Bockschürze für den Fahrer.

Die Fahrpeitsche

Wir unterscheiden zwei Arten von Fahrpeitschen, die Stock- und die Bogenpeitsche. Beide Arten gibt es in verschiedenen Qualitäten und Materialien, von der günstigen nylonumsponnenen Variante über sehr leichte Peitschen aus Fiberglas bis hin zu den äußerst teuren naturgewachsenen Peitschen aus Rosenholz. Auch die Peitschenschläge sind verschieden, mal aus Nylon, mal aus Leder. Wichtig beim Kauf ist, dass der Griff der Peitsche gut in der Hand liegt, sie leicht ist und lang genug, damit der Fahrer ohne Mühe selbst an die Außenseite des linken Pferdes heran kommt, ohne sich vorbeugen zu müssen. Peitschen für den Ein- und Zweispännereinsatz gibt es in den Längen von 1,40 m bis 2,30 m.

Ohne Beifahrer geht's nicht!

Auch wenn es nirgendwo vorgeschrieben ist, sollte man aus Sicherheitsgründen immer mit Beifahrer fahren. Und damit meine ich nicht einen Beifahrer, der von »Tuten und Blasen« keine Ahnung hat, so wie »die nette Oma Frieda von nebenan«, nur damit Gewicht auf die Hinterachsen kommt. Nein, ich denke an einen qualifizierten Beifahrer, der weiß, wo er hinfassen muss, falls unvorhergesehene Situationen auftreten.

links: Stockpeitsche · rechts: Bogenpeitsche

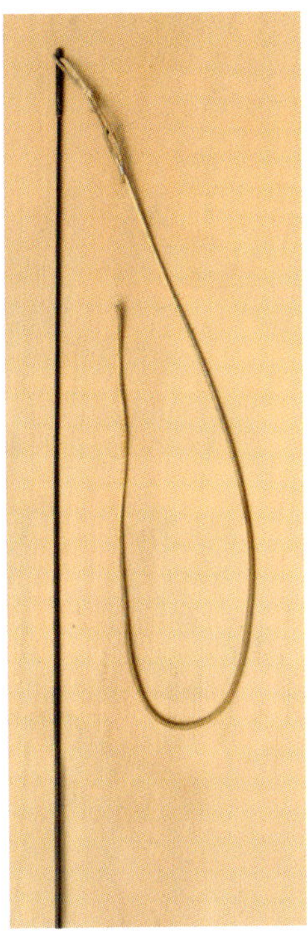

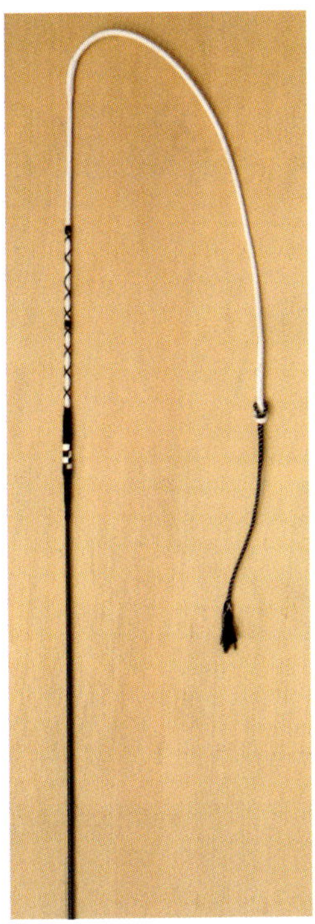

Aufgaben eines Beifahrers

Der Beifahrer ...

- sollte beim Anspannen vorne am Kopf des Pferdes stehen.
- sollte hinten sitzen, möglichst diagonal zum Fahrer, auch wenn es daneben ja so viel schöner wäre! Grund: Wir brauchen Gewicht auf der Hinterachse, damit die Bremsen greifen.
- sollte im Straßenverkehr das Fahrtrichtungszeichen per Hand setzen. Es gibt zwar Winkerkellen, die in vielen Fachbüchern abgebildet sind, jedoch gab es diesbezüglich mit der Polizei schon Differenzen. Die Kellen, meist in weiß und rot gehalten, sind nämlich nur der Polizei, der Feuerwehr und dem THW vorbehalten.
- kann in brenzligen Situationen schnell nach vorne zum Pferd gehen, dieses beruhigen oder auch an einer schwierigen Passage vorbeiführen.
- sollte auf Anweisung des Fahrers erforderliche Handgriffe ausführen können.
- muss, sollte sich ein Strang oder Ähnliches lösen, nach vorne gehen und dies wieder in Ordnung bringen können.
- sollte bei längerem Halt vor den Pferden stehen. Beim Zweispänner nie direkt vor der Deichsel! Besser vor dem rechten Pferd, da er sich in Richtung Bürgersteig bewegen kann, sollten die Pferde unvorhergesehen antreten.
- sollte bei uneinsichtigen Einmündungen, absteigen und nach dem Verkehr sehen.
- ist kurz gesagt der wichtigste »Mann« im Team!

Jetzt geht's los!

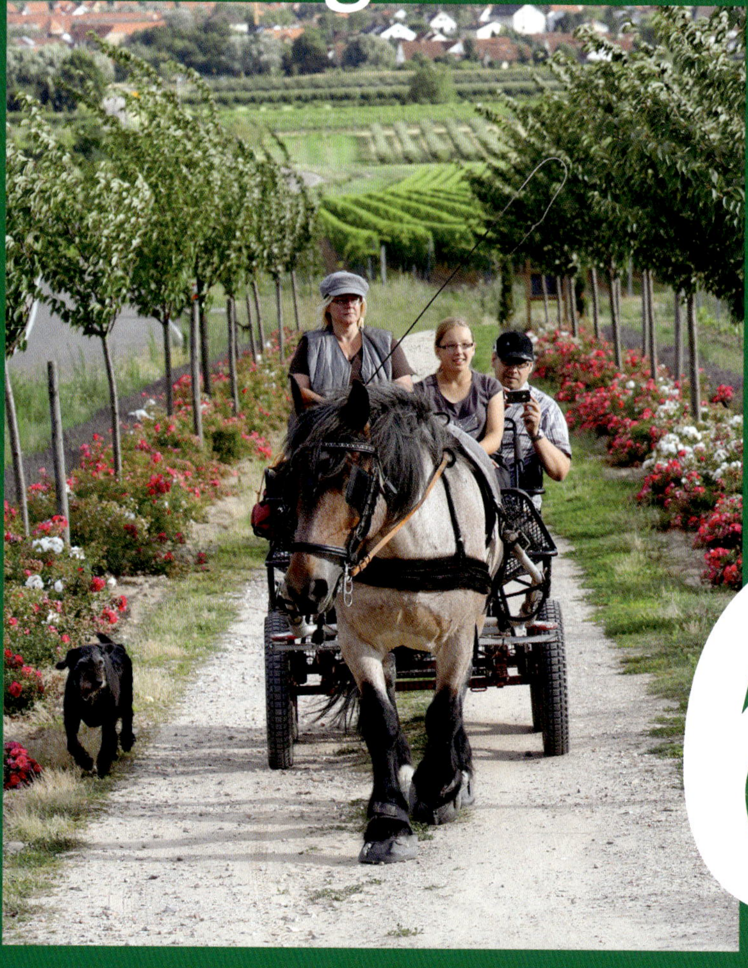

6

6. Jetzt geht's los!

Vorbereitung auf die Fahrt

Pflege und Verfassung des Pferdes

Vor jeder Fahrt wird das Pferd ausgiebig geputzt, um sich einen ersten Eindruck über das allgemeine Wohlbefinden zu verschaffen. Wirkt es wach und ist an seiner Umgebung interessiert? Ist der Gang gleichmäßig und elastisch? Wie sieht die Geschirrlage aus? Überprüfen Sie Schweifrübe, Gurtlage, Ohren und Maulwinkel. Sind die Hufe und der Beschlag in Ordnung? Ist alles zu Ihrer Zufriedenheit, dann steht einer Ausfahrt nichts mehr im Wege.

Kontrolle des Wagens

Der Wagen wird aus der Remise gezogen. Sind die Räder luftbereift, so überprüft man den Luftdruck. Wichtig sind die Bremsen, deshalb führt man einen Bremstest durch. Auch der Flüssigkeitsbehälter bei hydraulischen Bremsen ist zu kontrollieren. Nun wird der Wagen in Fahrtrichtung gestellt, die Feststellbremse bleibt dabei angezogen. Die Peitsche sollte sich im Köcher und beim zweispännigen Fahren die Aufhalteriemen an der Deichselbrille befinden. Zum Schluss werden alle Splinte an Deichsel oder Scherbäumen überprüft. Falls man bei Dämmerung oder schlechtem Wetter unterwegs ist, muss eine funktionsfähige Beleuchtung mit an Bord.

Sicherheitsausrüstung und Bordwerkzeug

Zur Sicherheitsausrüstung gehören passende Warnwesten, Reflektorbänder für Pferde und Helfer, ein Warndreieck, ein Erste-Hilfe-Set für Mensch und Pferd, dazu passende Halfter und griffige Anbindestricke. Nicht zu vergessen ein Hufkratzer! Das Bordwerkzeug besteht aus einem Messer, falls man auf die Schnelle einen Teil des Geschirres abschneiden muss, sowie aus einer Schere, ein paar Strohschnüren, Isolierband und Kabelbinder zum Reparieren des Geschirrs. Flickzeug sollte bei Luftbereifung mitgenommen werden. Eventuell braucht man Kerzen und Streichhölzer/Feuerzeug für die Beleuchtung. Bei längeren Fahrten sollte eine Ersatzleine, ein Ersatzstrang, eine Ersatzpeitsche und ein Ersatzortscheit dabei sein. Je nachdem, ob man unterwegs einen Stopp einplant, sind Abschwitzdecken für die Pferde empfehlenswert und an ganz heißen Tagen eventuell Fliegendecke und Fliegenspray.

Vorbereitung des Pferdes

Korrekte Lage des Fahrgeschirrs

Brustblatt

Die Unterkante des Brustblattes soll zwei Fingerbreit über dem Buggelenk liegen. Eine zu tiefe

Ein vollständiges Sicherheitsequipment sollte immer auf der Kutsche sein.

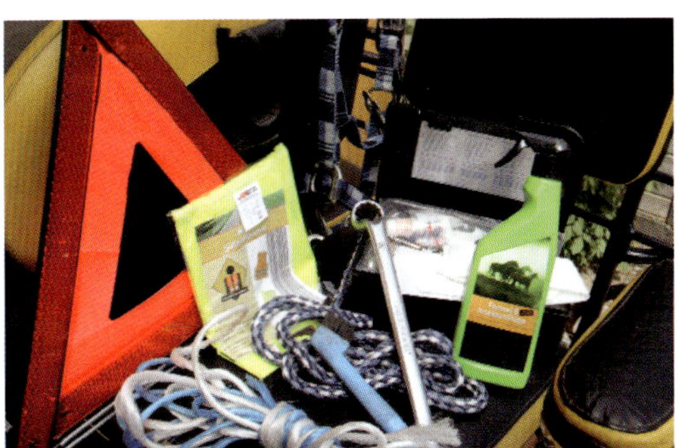

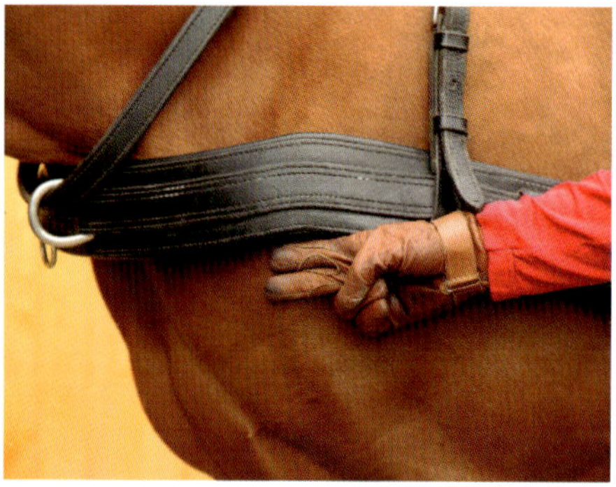

Das Brustblatt muss über dem Buggelenk liegen, damit das Pferd sich nicht wundreibt.

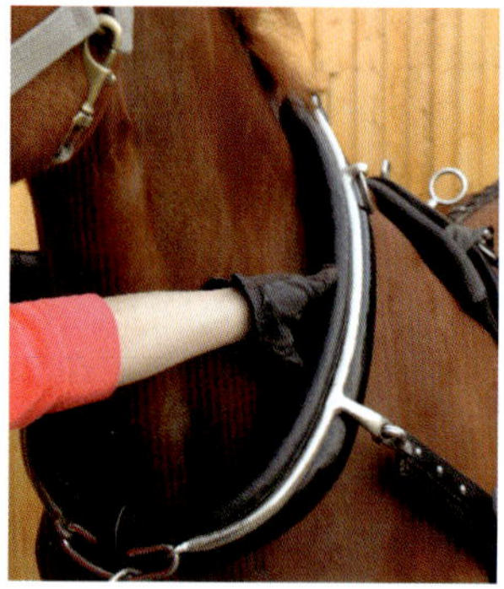

Das Kumt passt, wenn man innen mit der flachen Hand gleichmäßig entlang fahren kann ...

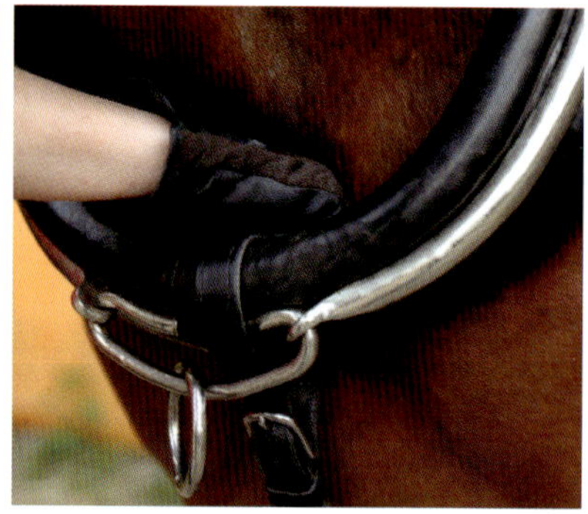

... und zwischen Halsansatz und Kumt eine flache Faust Platz findet.

Lage beeinträchtigt die Bewegung des Pferdes und kann zu Scheuerstellen führen. Der Halsriemen liegt auf dem Hals, kurz vor dem Widerrist. Mit ihm stellt man die Höhe des Brustblattes ein. Beim Zweispänner haben wir noch den Halskoppelriemen. Dieser sollte am Hals des Pferdes anliegen.

Kumt

Ein Kumt sitzt richtig, wenn man innen am Hals, links und rechts, mit den Fingerspitzen gleichmäßig entlang fahren kann und unten eine Faust zwischen Luftröhre und Kumt passt. Ist ein Kumt zu klein, darf es auf keinen Fall verwendet werden! Ist das Kumt insgesamt etwas zu groß, kann man sich mit einem Unterkumt behelfen. Ist die Kumtbreite passend, aber die Höhe zu groß, so kann man oben einen Kumtkeil unterschieben.

Kammdeckel/Selett

Kammdeckel und Selett liegen beide etwa 10 cm hinter dem höchsten Punkt des Widerrists. Es muss auf ausreichend Widerristfreiheit geachtet werden und darauf, dass die Polsterung gleichmäßig am Pferdekörper anliegt. Falls Kammdeckel oder Selett zu eng oder zu weit sind, kann ein Sattler die innen eingearbeitete Metallspange anpassen.

Oberblattstößel/Oberblattstrupfe

Beim Zweispännergeschirr stellt der Oberblattstößel, in Verbindung mit der Oberblattstrupfe, die Zuglinie ein. Die Zuglinie verläuft vom Brustblatt über den Zugstrang zum Ortscheit am Wagen, bzw. beim Kumtgeschirr vom Strangstutzen über den Zugstrang zum Ortscheit. Die Zuglinie darf nie unterbrochen sein! Eine Unterbrechung würde den Zug des Pferdes über das Brustblatt oder Kumt verhindern. Das Pferd zieht bei unterbrochener Linie über den Rücken. Ist man sich bei der Ersteinstellung nicht sicher, so schnallt man lieber etwas länger als zu kurz.

Bauchgurt

Der Bauchgurt liegt etwa 10 cm hinter dem Ellbogen und wird beim Aufschirren erst locker angelegt, später am Wagen nachgezogen.

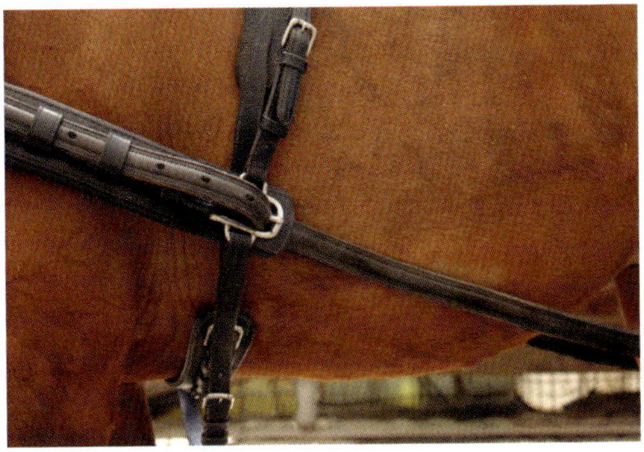

Richtig! Zuglinie korrekt – eine Linie von Brustblatt über die Stränge zum Ortscheit.

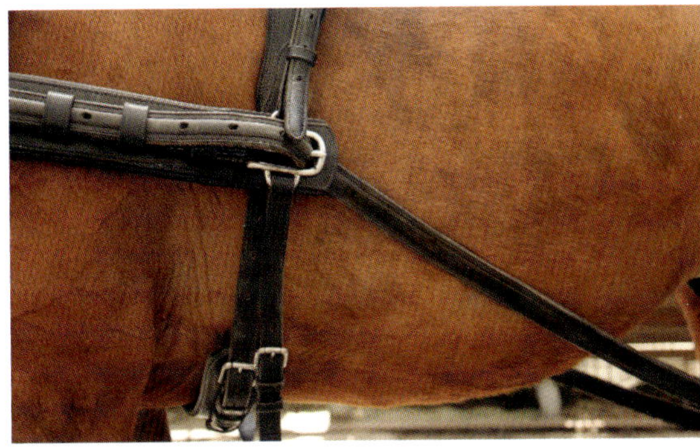

Falsch! Zuglinie unterbrochen – es entsteht ein Knick in Höhe der Oberblattstrupfe, die Zuglast wird auf einen Teil des Pferderückens übertragen.

Kleiner Bauchgurt

Der kleine Bauchgurt wird lose verschnallt. Etwa eine aufrechte Handbreit soll zwischen Bauch und kleinen Bauchgurt passen. Er dient dazu, die Zugstränge am Schlagen zu hindern, sollten die Pferde nicht im Zug sein.

Schweifriemen

Der Schweifriemen wird so angelegt, dass er leicht federt und dennoch den Sitz des Kammdeckels/Seletts in der richtigen Lage hält. Etwa eine aufrechte Handbreit sollte zwischen Rücken und Riemen passen.

Hintergeschirr

Der Trageriemen des Hintergeschirrs läuft durch eine der letzten Schlaufen des Schweifriemens und kommt hinter dem Hüftbeinhöcker zum Liegen. Der Umgang liegt eine Handbreit unter dem Sitzbeinhöcker.

Strangträger

Verwendet man Strangträger, dürfen diese den geraden Zug der Stränge nicht unterbrechen. Sie liegen ebenfalls hinter dem Hüftbeinhöcker.

Kopfstück

Ein Kopfstück sitzt richtig, wenn sich die Augen des Pferdes im oberen Drittel der Klappen befinden und die Wimpern und Tasthaare die Klappen nicht berühren. Der Kehlriemen beim Zweispänner wird so fest angelegt, dass nur noch zwei Finger aufrecht übereinander zwischen Riemen und Kehle passen, um ein Hängenbleiben oder Abstreifen an der Deichsel oder am Nachbarpferd zu verhindern. Der Kehlriemen beim Einspänner kann lose wie bei einer Reittrense verschnallt werden. Der Nasenriemen sollte so geschlossen werden, dass zwei Finger nebeneinander auf dem Nasenrücken Platz haben. Der Nasenriemen muss mindestens einen Finger unter der Jochbeinleiste liegen, um ein Aufscheuern zu verhindern. Ist eine Kinnkette am Gebiss vorhanden, wird diese so angelegt, dass sie bei einem Winkel von 40–45° zwischen Kandarenbaum und Maulspalte greift, sobald man das Gebiss annimmt.

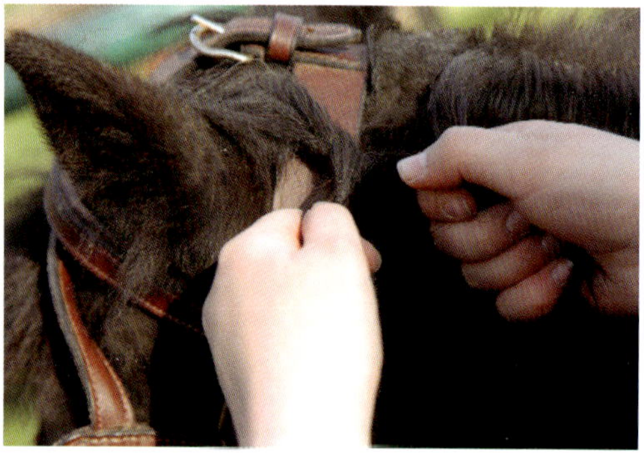

Ein Kopfstück muss fest sitzen, bei dicken Mähnen notfalls durch Einflechten.

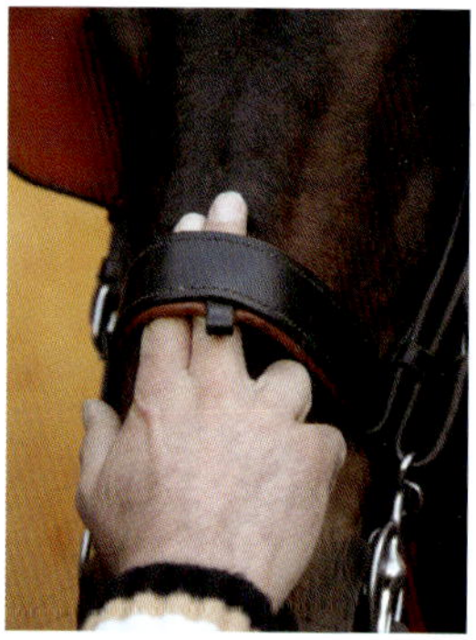

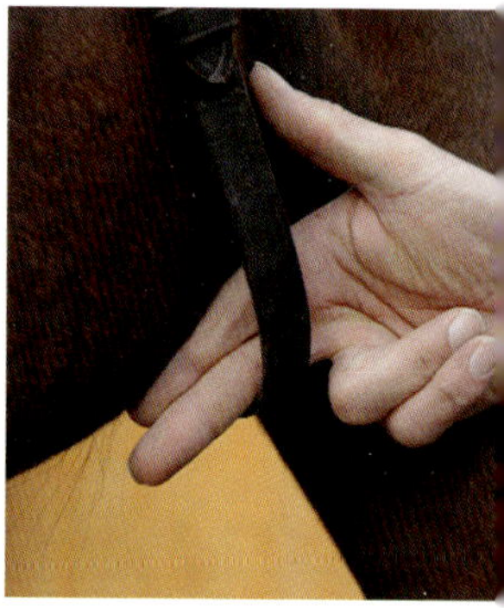

links: Der Nasenriemen sollte nie zu eng sein – zwei Finger sollten dazwischen passen.
rechts: Beim Zweispänner muss der Kehlriemen relativ stramm sitzen, damit das Pferd sich das Kopfstück nicht an der Deichsel oder am Nachbarpferd abstreifen kann.

Ganz wichtig ist, dass das Kopfstück fest am Pferdekopf sitzt. Hat man zum Beispiel Ponys mit dicker Mähne, so sollte man einen kleinen Teil der Mähne im Bereich des Genickstücks ausschneiden, damit das Kopfstück besser liegt und nicht herunterrutschen kann. Eine andere Möglichkeit wäre, das Genickstück mit Mähne und Schopf einzuflechten. Man kann auch einen Verbindungssteg in Form eines Leder- oder Sporenriemens zwischen Kehlriemen und Nasenriemen einschnallen. Das Herunterrutschen eines Kopfstücks kann fatale Folgen haben!

Auf- und Abschirren eines Einspänners

Ist das Pferd bereit zum Aufschirren, beginnt man mit dem Brustblatt oder Kumt. Man nimmt das Brustblatt oder Kumt »verkehrt herum«, z.B beim Kumt mit der Oberseite nach unten, und schiebt es dem Pferd vorsichtig über den Kopf, ohne die Augen zu berühren. An der schmalsten Stelle des Halses wird das Geschirr in Mähnenrichtung gedreht. Dann legt man das Selett hinter dem Widerrist auf. Jetzt wird der Bauchgurt locker geschlossen, um ein Herunterrutschen des Seletts zu verhindern, während man den Schweifriemen anlegt. Dazu hält man den Schweif vorsichtig an der Schweifrübe nach oben und streift die Schweifmetze über. Jetzt wird das Selett in die richtige Lage gebracht und der große Bauchgurt festgeschnallt. Die Stränge werden nun eingeschnallt und unter dem Schweifriemen über dem Rücken des Pferdes verwahrt.

Merke:

Das Kopfstück wird von oben nach unten geschlossen und von unten nach oben geöffnet! Warum? Erst wenn Kehl- und Nasenriemen geschlossen sind, sitzt das Kopfstück so fest, dass wir die Kinnkette schließen können, ohne dass die Backenstücke bei der Überprüfung des 45-Grad-Winkels des Gebisses nach vorne rutschen.

Beim Aufziehen des Kopfstücks stellt sich der Fahrer links neben das Pferd. Ein leichter Druck mit dem Daumen der linken Hand auf die Laden des Pferdes sollte genügen, um das Pferd zu veranlassen, das Maul aufzumachen und das Gebiss zu nehmen. Jetzt werden die Ohren einzeln unter dem Genickstück durchgeschoben und zwar erst das rechte und dann das linke Ohr, damit man das Kopfstück dabei weiterhin mit der linken Hand gut festhalten kann und nicht vorne um das Pferd herumgehen muss. Nun wird zuerst der Kehlriemen verschnallt, als nächstes der Nasenriemen und zum Schluss die Kinnkette. Als Letztes werden die Leinen eingezogen und in den Leinenführungsringen verwahrt. Beim Einspänner so, dass die Leinen auf der linken Seite doppelt gelegt und durch die Führungsringe am Selett und am Halsriemen gezogen werden. Es besteht aber auch die Möglichkeit, die Leinen doppelt zu legen und sie wie beim Zweispänner am Leinenführungsring des Seletts in einer großen Schleife zu verwahren. Die Einschnallstücke werden am Gebiss eingeschnallt. Abgeschirrt wird in umgekehrter Reihenfolge: Leinen raus, Kopfstück runter, Bauchgurt lockern, Schweifriemen raus, Bauchgurt öffnen, Selett abnehmen und zum Schluss Brustblatt oder Kumt in Mähnenrichtung drehen und abnehmen.

Auf- und Abschirren eines Zweispänners

Ähnlich wie beim Einspänner beginnt man mit dem Brustblatt oder Kumt. Dies schiebt man »verkehrt herum« dem Pferd vorsichtig über den Kopf. Danach dreht man das Geschirr in Mähnenrichtung. Dann legt man den Kammdeckel hinter dem Widerrist auf und verschnallt den Oberblattstößel mit der Oberblattstrupfe auf beiden Seiten, damit der Kammdeckel nicht herunterfallen kann. Jetzt wird der Schweifriemen angelegt, indem man den Schweif vorsichtig an der Schweifrübe nach oben hält und die Schweifmetze überstreift. Dabei rutscht der Kammdeckel meist etwas nach hinten. Man bringt ihn nochmals in die richtige Lage, um dann den großen Bauchgurt zu schließen. Anschließend wird der kleine Bauchgurt verschnallt, und zwar so, dass noch eine Faust zwischen Gurt und Bauch des Pferdes passt. Die Stränge werden nun unter dem Schweifriemen über dem Rücken des Pferdes verwahrt. Das Kopfstück wird genau wie beim Einspänner angelegt (siehe oben). Als Letztes werden die Leinen eingeschnallt. Man nimmt die linke Leine, die mit der Schnalle am Ende, und stellt sich auf die linke Seite des linken Pferdes. Dann führt man die Außenleine (das ist die obere und kürzere) auf der linken Seite von hinten nach vorne durch die Leinenführungsringe, während man die Innenleine (das ist die untere und längere) über den Pferderücken legt. Jetzt verwahrt man das Handstück mit einer Schleife am Leinenführungsring des Kammdeckels. Nun geht man zur rechten Seite des Pferdes, um hier ebenfalls von hinten die Innenleine durch die Leinenführungsringe zu ziehen. Sind die Leinen eingezogen, wird die Außenleine im Gebiss eingeschnallt und die Innenleine am Kehlriemen verwahrt. Für das rechte Pferd gilt das Gleiche wie für das linke

Merke:

Die linke Leine, mit der Schnalle am Ende, kommt aufs linke Pferd, die rechte Leine, mit der Strupfe am Ende, aufs rechte Pferd. Warum? Beim Anspannen wird die rechte Leine übergeworfen. Damit man mit dem Dorn der Schnalle niemanden verletzt, nimmt man dazu die Leine mit der Strupfe.

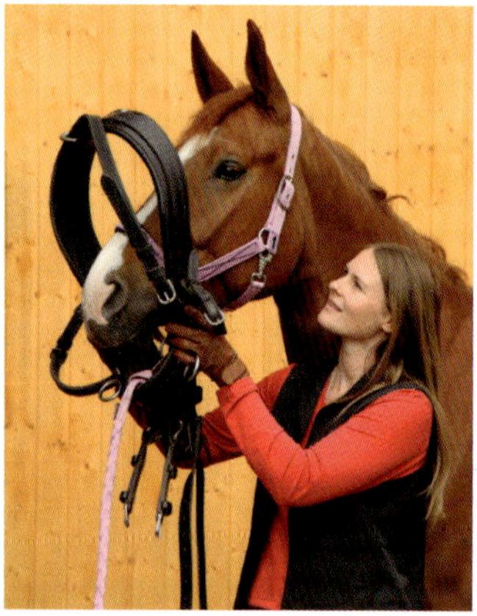

Vorsichtiges Überstreifen des Brustblatts – dabei auf die Augen achten!

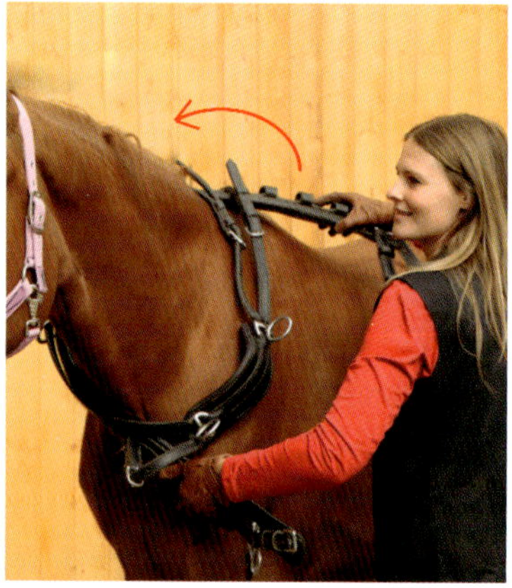

Drehen immer in Mähnenrichtung.

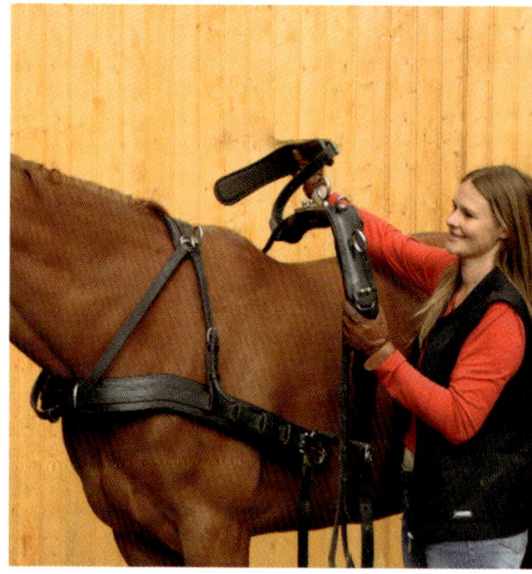

Der Kammdeckel wird ca. 10 cm hinter dem Widerrist aufgelegt.

Pferd, mit dem einzigen Unterschied, dass man von der rechten Seite des Pferdes die Leinen einzieht und rechts das Handstück verwahrt.

Abgeschirrt wird in umgekehrter Reihenfolge: Leinen raus, Kopfstück runter, kleinen Bauchgurt lösen, großen Bauchgurt lösen, Schweifriemen raus, linke und rechte Oberblattstrupfe vom Oberblattstößel trennen, Kammdeckel abnehmen, Brustblatt oder Kumt in Mähnenrichtung drehen und abnehmen.

Merke:

Beim linken Pferd werden alle Schnallen von links geöffnet und geschlossen, beim rechten Pferd alle Schnallen von rechts. Warum? Wir erkennen so leichter an den geöffneten Schnallen, welche Geschirrteile zum linken oder rechten Pferd gehören.

So spannen wir sicher an

An- und Ausspannen eines Einspänners

Steht der Wagen bereit und ist das Pferd aufgeschirrt, so führen wir es vor die Kutsche und manövrieren es rückwärts in die Gabel oder Schere. Dann werden die Scherbäume in die Trageösen gelegt. Erst wird links gesichert, indem man den Riemen um den Scherbaum legt, diesen dann durch die Öffnung der eisernen Trageöse schiebt, um ihn dann durch die Lederschlaufe und durch die Doppelschnalle zu ziehen. Dort wird er dann am kleinen Bauchgurt verschnallt. Es ist darauf zu achten, dass der Zugstrang zwischen Lederschlaufe und Doppelschnalle läuft, damit er eine Führung bekommt und ein Schlagen der Stränge verhindert. Jetzt befestigen wir die rechte Seite nach dem gleichen Prinzip. Nun wird der rechte Strang über das Ortscheit gezogen, und zwar so, dass das Aufziehleder nach oben zeigt. Dann folgt der Scherriemen, der sich am Hintergeschirr befindet. Er wird von innen nach außen und von unten nach oben, einmal mit und einmal ohne Strang,

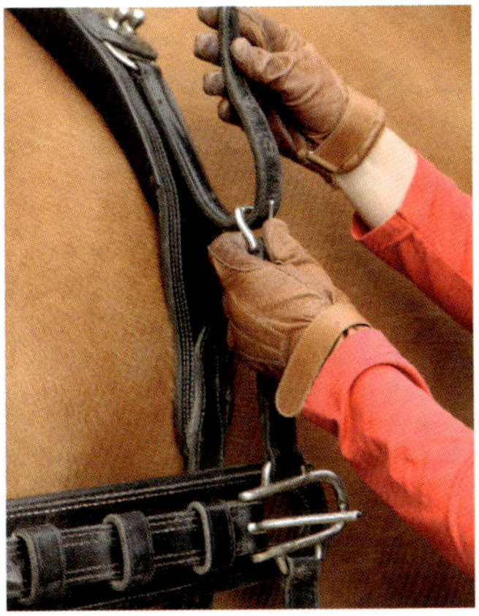

Beidseitiges Verbinden von Oberblattstrupfe und Oberblattstößel – auf Zuglinie achten!

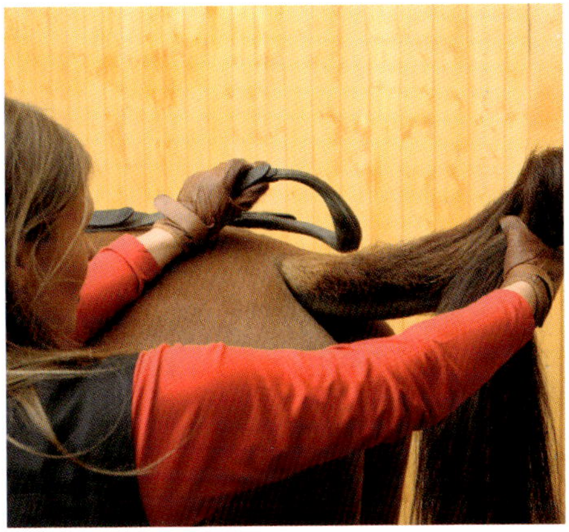

Anlegen des Schweifriemens.

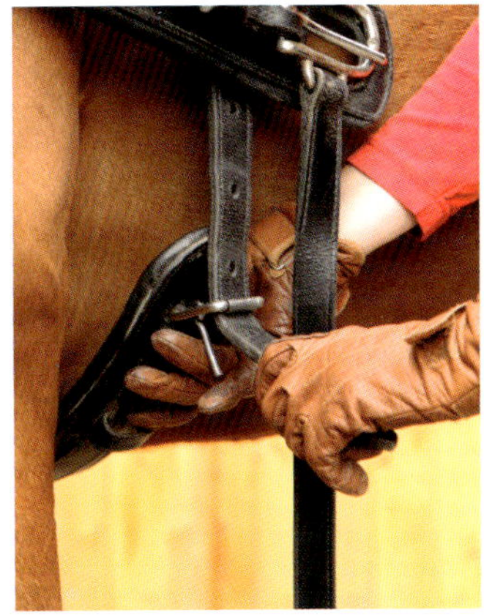

Kammdeckel zurechtrücken und großen Bauchgurt schließen.

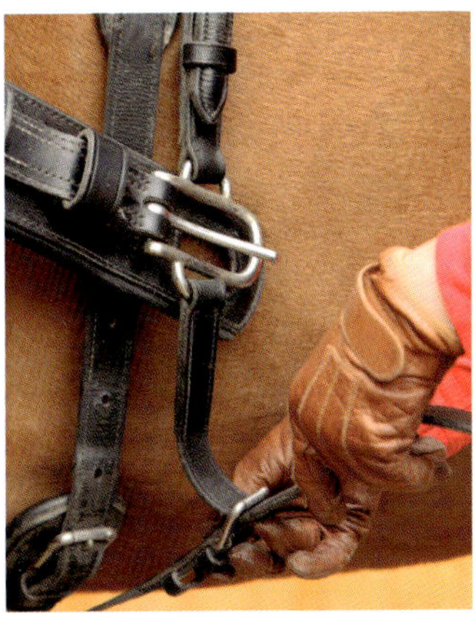

Den kleinen Bauchgurt locker schließen, sodass eine Handbreite zwischen die beiden Bauchgurte passt.

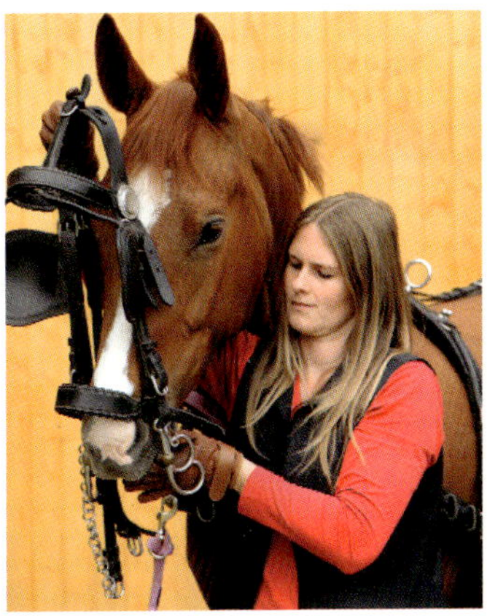

Das Kopfstück wird behutsam angelegt.

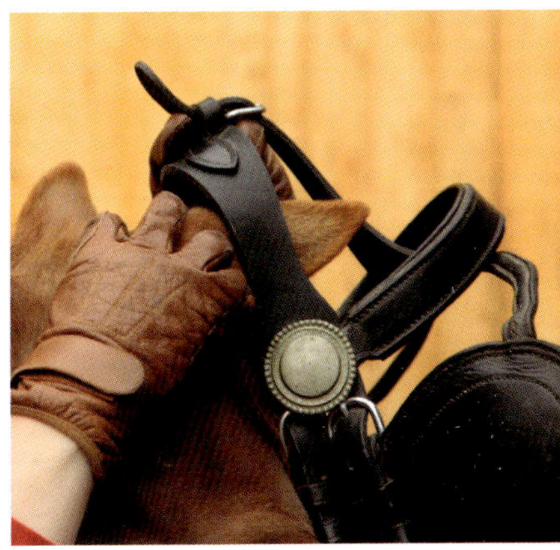

Beim Überstreifen des Genickstücks ist es für das Pferd angenehmer, wenn die Ohren einzeln nach vorne geklappt werden.

durch die Öse für das Hintergeschirr am Scherbaum befestigt. Zuletzt gehen wir auf die linke Seite des Pferdes, ziehen den linken Strang über das Ortscheit und verschnallen den linken Scherriemen. Das Hintergeschirr muss so verpasst sein, dass man, wenn das Pferd im Zug steht, rechts und links unterhalb des Sitzbeinhöckers je eine Faust zwischen Pferd und Umgang stecken kann.

Das Ausspannen erfolgt in umgekehrter Reihenfolge: Leinen verwahren – linke Seite Scherriemen und Zugstrang lösen – rechte Seite Scherriemen und Zugstrang lösen – rechte Seite Scherbaum lösen, linke Seite Scherbaum lösen.

An- und Ausspannen eines Zweispänners

Steht der Wagen bereit, werden die aufgeschirrten Pferde von hinten an die Deichsel herangeführt. Beim Heranführen muss man aufpassen, dass die Pferde nicht mit dem Geschirr am Wagen hängen bleiben. Nun werden die Innenleinen über Kreuz eingeschnallt. Man achte darauf, dass die Leine des

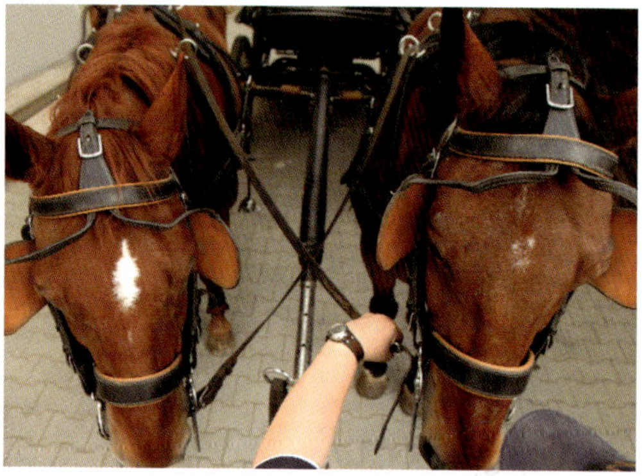

Zuerst die Leinen, ...

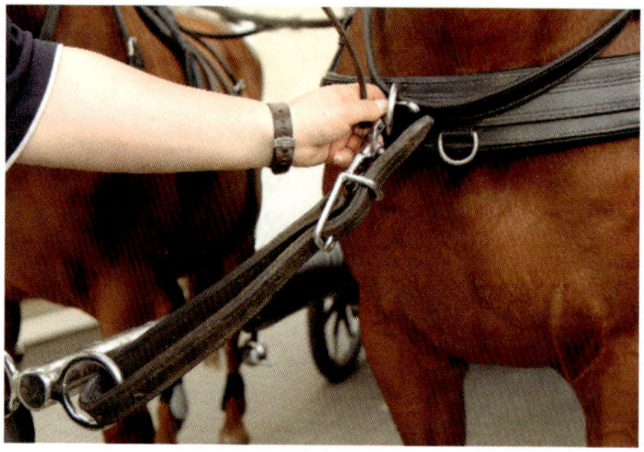

... dann die Aufhalter (hier mit eingenähten Patent-schäkeln) ...

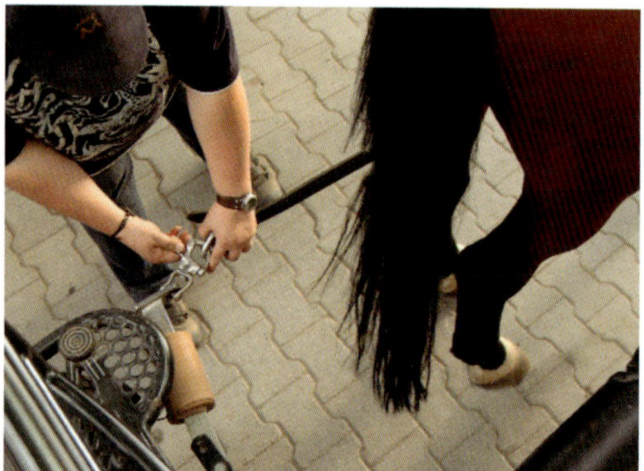

... und zum Schluss die Zugstränge.

Merke:

Die Zugstränge dürfen nur so lang sein, dass das Pferd mit dem Brustblatt oder Kumt zieht und nicht mit dem Selett!

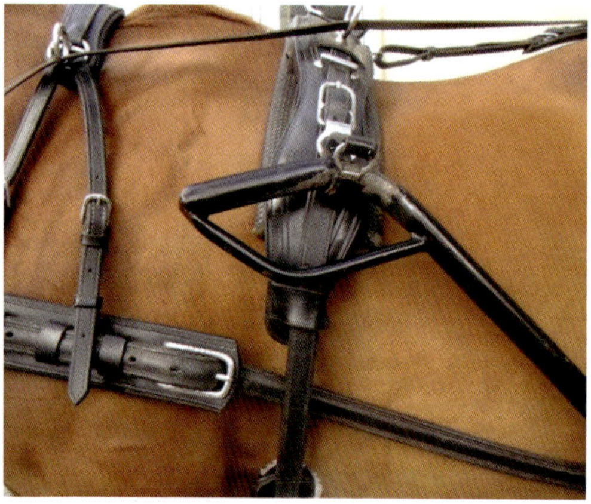

Der Einspänner ist korrekt angespannt, wenn das Pferd im Zug steht und sich dabei die Trageöse mittig in der eisernen Schlaufe der Scherbäume befindet. Man verhindert dadurch, dass das Pferd mit dem Selett die Kutsche zieht.

Merke:

Man sollte beim Einspannen grundsätzlich zu zweit sein. Um die Pferde am Vortreten zu hindern, sollte der Helfer immer vor den Pferden, aber niemals direkt vor der Deichsel stehen.

Merke:

Die Pferde werden nach dem Ausspannen schräg von der Deichsel weggeführt, damit sie mit dem Geschirr nicht an der Deichselbrille hängen bleiben können.

Pferdes, das größer ist, oder das den Kopf beim Fahren höher trägt, nach oben genommen wird. Nur so wird das andere Pferd im Maul nicht gestört. Dann wird das am Kammdeckel verwahrte Handstück vom rechten Pferd auf die linke Seite übergeworfen und dort mit dem linken Handstück verbunden. Jetzt werden die zusammengeschnallten Leinen hinter der Oberblattstrupfe verwahrt. Als nächstes schnallt man die Aufhalteriemen möglichst lange in den Aufhaltering ein. Nun werden die Zugstränge an den Ortscheiten befestigt, zuerst beim rechten und dann beim linken Pferd. Um ein Wegtreten der Pferde von der Deichsel zu verhindern, wird immer zuerst der Außenstrang und dann erst der Innenstrang eingehängt. Zum Schluss werden die Aufhalter nochmals so verschnallt, dass sie, bei anstehenden Zugsträngen, leicht durchhängen. Nach einer letzten sorgfältigen Kontrolle kann das Aufnehmen der Leine erfolgen.

Das Ausspannen nach der Fahrt erfolgt in genau umgekehrter Reihenfolge: Leinen verwahren – Zugstränge links lösen – Zugstränge rechts lösen – Aufhalteriemen lösen – Handstück der Leine auseinander schnallen und überwerfen – links und rechts verwahren – Innenleinen ausschnallen und im Kehlriemen verwahren

Bereit zum Ausfahren

Checkliste für die Ausfahrt

- Kutsche auf Funktion und Sicherheit prüfen
- Geschirre auf Funktion und Vollständigkeit prüfen
- Beschlag kontrollieren

- Ersatzstränge
- Ersatzleine
- Ersatzpeitsche
- Halfter, Halsriemen, Führstricke
- Abschwitz-, Regen-, Fliegendecken
- Erste-Hilfe-Kasten,
- kleine Notfallapotheke, Desinfektionsmittel
- Warnwesten
- Reflektorbänder
- Warndreieck
- Wagenlampen
- Klebeband
- Kabelbinder
- Flickzeug bei Luftbereifung
- Messer, Schere
- Stroh-/Lederschnüre

Als Freizeitfahrer wird man sich meist im Gelände und Straßenverkehr bewegen. Große ebene Plätze oder gar eine Halle zum Fahren sind ein Luxus, der

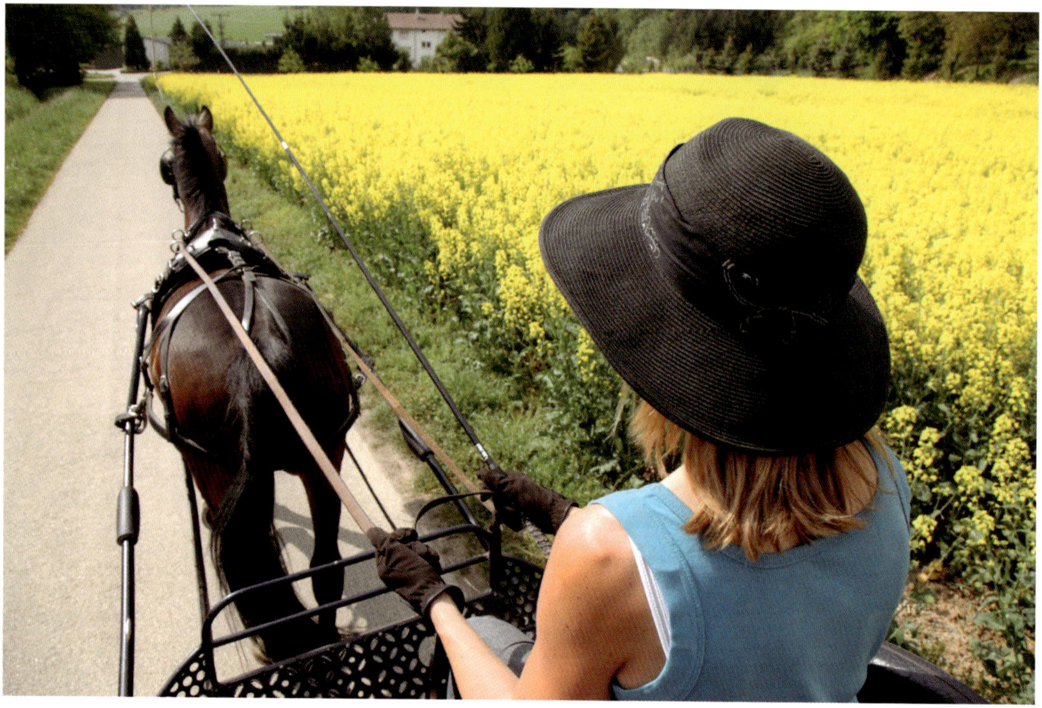

Geländefahren – Fahrspaß pur!

nicht jedem Fahrer vergönnt ist. Klar ist, möchte man besser Fahren üben oder gar in den Turniersport einsteigen, kommt man um das Fahren auf einem Platz nicht herum. Vielleicht ist es interessant zu wissen, dass Fahrplätze eine Größe von mindestens 40 x 80 m aufweisen sollen, damit man auf ihnen ordentliche Bahnfiguren fahren kann, die es genau wie beim Reiten auch fürs Fahren gibt. Wohl dem, der solch einen Platz zur Verfügung hat! Auf solch einem Platz lassen sich aber nicht nur gut Bahnfiguren üben, sondern auch die Hilfengebung und Durchlässigkeit des Pferdes lässt sich verbessern. Man kann Hindernisse aufbauen, die es zu durchfahren gilt, oder man lässt sich regelmäßig einen Fahrtrainer kommen, um gemeinsam an der Fahrkunst zu arbeiten. Doch nun zurück zum für die meisten Einsteiger und Freizeitfahrer relevanten und interessanten Fahren im Gelände und im Straßenverkehr.

Das Fahren im Gelände

Entspannte Ausfahrten entlang von Feldern und Wäldern bereiten dem Freizeitfahrer die größte Freude. Um ausgiebig Spaß mit den Pferden zu haben, sollte man ihnen neben dem Fahren ausreichend Bewegung verschaffen. Die Pferde sollten zusammen mit ihren Artgenossen auf die Weide oder den Auslauf, um später ausgeglichen und

entspannt im Gespann zu gehen. Sie müssen an den Straßenverkehr wie auch an das umliegende Gelände gewöhnt werden.
Wie verhält man sich eigentlich draußen im Gelände? Begegnet man entgegenkommenden Fußgängern, Radfahrern oder auch Reitern, so pariert man rücksichtsvoll zum Schritt durch, um langsam und freundlich grüßend einander zu passieren. Kommt dem Gespann ein Fahrzeug entgegen, so empfehle ich, nicht gleich auszuweichen, sondern zunächst aufeinander zuzufahren, um dann im Schritttempo aneinander vorbei zu kommen. Weicht man gleich aus, so fahren viele Kraftfahrer, ohne das Tempo zu verringern, rücksichtslos vorbei. Als Gespannfahrer sollte man nur auf Straßen und Wegen oder besonders ausgewiesenen Flächen fahren. Niemals querbeet! Kern- und Pflegezonen von Biosphärengebieten sollte man auf jeden Fall meiden. Das Fahren auf Waldwegen wird von Bundesland zu Bundesland verschieden gehandhabt. In Baden-Württemberg zum Beispiel ist das Fahren im Wald verboten. Nach Absprache mit dem Forstamt gibt es manchmal Sondergenehmigungen. Nach lang anhaltenden Niederschlägen sollten aufgeweichte Wege wenn möglich vermieden werden, um keine Schäden zu verursachen. Das Gleiche gilt für nasse Waldwege. Diese werden oft zur gefährlichen Falle, da sie durch Laub äußerst schmierig sein können. Ganz schlimm wird es, wenn diese Wege noch Gefälle haben, da die Kutschen dann leicht ins Rutschen kommen. Sollte das Gespann aus Versehen mal vom rechten Weg abkommen und in einen eingesäten Acker fahren, so meldet man unaufgefordert den entstandenen Schaden. Auch wenn man im ersten Moment nicht weiß, wem der Acker gehört, der nächste Landwirt weiß es bestimmt. Die Versicherungen regeln meist den Schadenersatz.

Das Fahren im Straßenverkehr

Da wir nicht umhin kommen, im Straßenverkehr zu fahren, sollten wir ein paar Dinge hierzu wissen: Ein Gespann gilt als Fahrzeug. Das heißt, es gelten für den Gespannführer die allgemeinen Verkehrsregeln. Beim Abbiegen müssen deutliche Richtungszeichen gegeben werden. In der Regel gibt der Beifahrer das entsprechende Handzeichen. Dieser kann sich durch Umschauen vergewissern, dass das Zeichen auch wirklich gesehen wird. Der Fahrer muss derweil den Verkehr im Blick haben.

Wo dürfen wir eigentlich fahren? Als Fahrzeug darf man auf Land- und Gemeindestraßen sowie öffentlich benutzten Wegen, wie zum Beispiel Forststraßen, Feldwegen und privaten Straße fahren. Straßen, die für Kraftfahrzeuge gesperrt sind, können wir befahren, denn ein Gespann gilt zwar

Fahren im Straßenverkehr will gelernt sein und bedarf absoluter Umsicht.

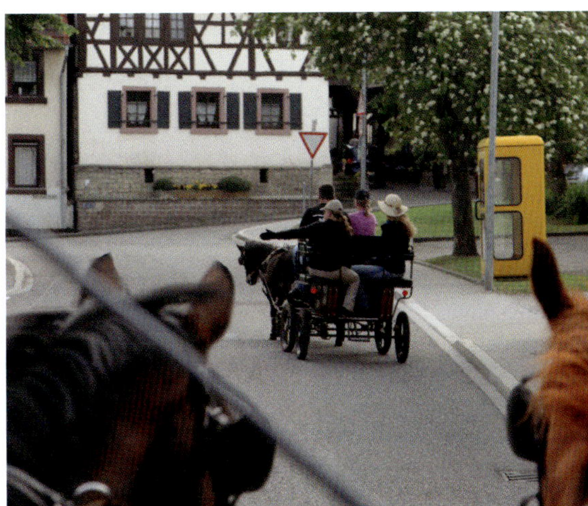

als Fahrzeug, aber nicht als Kraftfahrzeug! Gesperrt sind Straßen und Wege, die speziell für Gespannfahrer oder für Fahrzeuge aller Art verboten sind. Auch Wege, die für spezielle Personengruppen ausgeschildert sind, wie Rad-, Reit- oder auch Fußgängerwege, müssen wir meiden. Kraftfahrstraßen und Autobahnen sind tabu!

Grundsätzlich ist zu sagen, dass laut StVO nur verkehrssichere Pferde im Gespann verwendet werden dürfen. Pferde sind im öffentlichen Straßenverkehr nur zugelassen, wenn sie von geeigneten Personen geleitet werden. Der Gespannfahrer muss körperlich und geistig in der Lage sein, die Pferde zu beherrschen. Er muss die nötige Erfahrung, Geschicklichkeit und Kraft besitzen, um ausreichend auf die Pferde einzuwirken. Es dürfen keine körperlichen oder geistigen Mängel (z.B. Trunkenheit) vorhanden sein, die ein sicheres Führen des Gespannes im Straßenverkehr nicht zulassen. Eine Prüfung für Gespannfahrer ist im privaten Bereich bisher nicht vorgeschrieben. Sie kann aber als Nachweis der Eignung dienen. Bei gewerblicher Personenbeförderung mit Gespannen wird von den Versicherungen meistens ein Eignungsnachweis in Form von Fahrabzeichen, Prüfung Gespannführer oder ähnlichem verlangt.

Welche Gangart wähle ich beim Fahren?

Die meisten Pferde haben drei Grundgangarten, nämlich Schritt, Trab und Galopp. Im Straßenverkehr ist man überwiegend im Schritt unterwegs, da man die Übersicht behalten, vorausschauend fahren und unter Umständen rechtzeitig reagieren muss. Im Gelände kann man gerne traben und wenn es der Weg zulässt auch mal galoppieren. Oft höre ich, dass man an der Kutsche nicht galoppieren soll. Ich frage mich, warum? Der einzige Grund könnte sein, dass man beim zweispännigen Fahren verhindern möchte, dass die Pferde sich gegenseitig »heiß« machen, also sich aufschaukeln und man die Kontrolle verliert. Das ist aber nur eine Frage der Ausbildung und der Kommunikation, der Feinabstimmung von Fahrer und Pferd. Gegen einen kontrollierten und lösenden Galopp am Wagen ist nichts einzuwenden. Ein weiteres immer wieder aufkommendes Thema ist das Traben auf Asphalt. Wir berücksichtigen, dass die Pferde ohne Reitergewicht unterwegs sind und dass das Pferd ursprünglich ein Steppentier ist. Die Steppe ist hart. Der Bewegungsapparat des Pferdes ist eher für harte als für weiche Böden konzipiert. Traben auf Asphalt macht also nicht sehr viel aus, sofern das Pferd auf korrekten Gliedmaßen steht. Ich persönlich würde auf Asphalt nicht im Stechtrab entlangfegen und ganz und gar nicht galoppieren, aber ein schwungvoller Gebrauchstrab (bei den Reitern nennt man dies Arbeitstrab) ist allemal drin.

Merke:

Der Fahrer muss immer mit Fehlern und fehlender Kenntnis über Pferde bei anderen Verkehrsteilnehmern rechnen. Er sollte nicht um jeden Preis auf eigene Rechte bestehen. Ständige Vorsicht und gegenseitige Rücksichtnahme müssen selbstverständlich sein.

Zuhause angekommen

Versorgung und Kontrolle des Pferdes

Grundsätzlich beenden wir die Ausfahrt, wie wir sie begonnen haben, und zwar im Schritt. Im

Schritt kann unser Pferd zu Beginn jeder Ausfahrt die Muskulatur aufwärmen und den Organismus auf »Betriebstemperatur« bringen. Die Gelenkflüssigkeit verteilt sich dabei in den Gelenken, sodass erst nach guter Schmierung und Aufwärmphase mit der eigentlichen Arbeit begonnen werden kann. Diese so genannten Lösungsphase sollte gute 10 bis 15 Minuten andauern und immer eingehalten werden. Heimwärts fahren wir die letzten 10 bis 15 Minuten ebenfalls im Schritt, damit die Puls- und Atemfrequenz wieder auf Normalwerte gelangen und die Pferde zufrieden den Stall erreichen. Man nennt dies auch Entspannungsphase. Zuhause angekommen spannen wir die Pferde aus und schirren sie ab. Wir kontrollieren die Hufe, damit sich auch kein Steinchen verklemmt hat, und putzen mit der Bürste noch mal über das Fell. Dabei lassen sich eventuell kleine Verletzungen oder gar Schwellungen erkennen. Verschwitzte Stellen werden abgeschwammt, am besten mit Wasser und einem Schuss Essig. Das stärkt die Haut und beugt Haarbalgentzündungen vor. Direkt nach der Fahrt ein Pferd mit kaltem Wasser komplett abzuspritzen, vermeidet man lieber, da sich die Pferde dabei verspannen und es zudem dem Kreislauf zu schaffen macht. Anders sieht es aus, wenn man nur die Beine abwäscht. Direkt nach der Arbeit sollte man Pferde nicht gleich saufen lassen, da dies zu Koliken führen kann. Aus dem gleichen Grund ist das Füttern von Kraftfutter in der ersten Stunde nach der Ankunft tabu.

Reinigen und Überprüfen von Wagen und Geschirr

Geschirrteile werden vom Schweiß und Schmutz befreit, indem man sie mit einem feuchten Lappen oder Schwamm reinigt. Das Gebiss wird ausgewaschen, damit keine Speichel- und Futterreste zurück bleiben. Der Wagen wird von grobem Schmutz befreit. Man kann ihn mit nicht all zu großem Wasserdruck abspritzen, damit der Lack nicht abplatzt. Des Weiteren könnte man noch die Lufträder kontrollieren. Nicht dass man sich unbemerkt einen Nagel eingefahren hat und bei der nächsten Ausfahrt eine böse Überraschung erlebt!

Mit Pferd und Wagen auf Tour

Möchte man mit seinem Vierbeiner und der Kutsche auf Reisen, so wirft das einige logistische Probleme auf. Es gilt nicht nur das Pferd zu verladen, sondern auch die Kutsche.

Wie gut, dass manche Firmen im Anhängerbau auf dieses Problem eingegangen sind und Pferdeanhänger mit verlängerter Zugdeichsel und Auffahrrampen für Kutschen konstruiert haben. Natürlich sind diese Kutsch-/Pferdeanhänger nicht gerade günstig in der Anschaffung, aber sicherlich praktisch, zumal man nur ein Zugfahrzeug benötigt. Eine andere Variante ist das Fahren mit zwei Zugfahrzeugen, ein Auto mit Pferdeanhänger und ein Auto mit Kutschenhänger. Sofern man den Anhänger noch anderweitig einsetzen kann und außerdem schon ein zweites Zugfahrzeug in der Familie vorhanden ist, warum nicht? Möglich ist es auch, einen Transporter oder Pick-up als Zugfahrzeug einzusetzen, der ein geeignetes Lademaß für die Kutsche hat. Ankuppeln kann man dann den Anhänger für die Pferde. Die ganz Infizierten kaufen sich einen Pferde-LKW, auf den sie Pferde und Kutsche laden können. Als Freizeitfahrer wird man diese Variante weniger wählen. Das ist ja auch immer eine Kostenfrage, da noch Steuer und Versicherung dazu kommt. Wie man sieht, alles eine Frage des Geldbeutels und der Rentabilität!

7

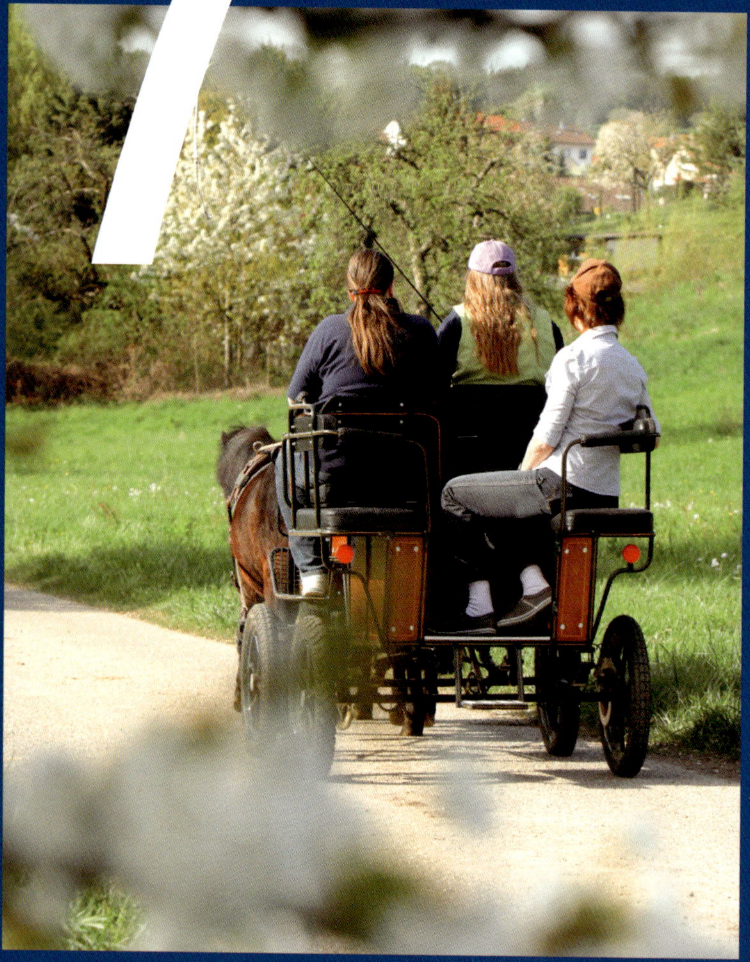

Zu guter Letzt

7. Zu guter Letzt

Wichtig zu wissen

Versicherungen

Jeder Pferdebesitzer sollte eine Pferdehaftpflichtversicherung haben. Er muss sich selbst darum bemühen, da diese Art von Versicherung nicht gesetzlich vorgeschrieben ist. Die Pferdehaftpflichtversicherung deckt eventuelle Personen- und Sachschäden ab, die durch das Pferd verursacht werden. Nun kommt hinzu, dass wir ja nicht nur ein Pferd halten, sondern es auch einspannen wollen, womit ein zusätzliches Risiko entsteht, das es abzusichern gilt. Als angehender Fahrer müssen wir bei der vorhandenen Versicherung abklären, ob das private Kutschfahren mitversichert ist. Falls ja, lässt man sich dies schriftlich in den Policen aufnehmen. Man sollte zusätzlich nachfragen, ob auch die Kutsche mitversichert ist. Das heißt, dass zum Beispiel Schäden, die durch Mängel der Kutsche an Personen entstehen, ebenfalls abgedeckt sind. Es kann sein, dass man die Kutsche extra versichern muss. Aber lieber im Vorfeld einmal zuviel nachgefragt und die Versicherung entsprechend aufgestockt, als im Schadensfall das böse Erwachen zu erleben! Manche Versicherungen fordern einen Nachweis in Form eines Kutschenführerscheins. Das sollte ebenfalls abgeklärt werden. Fährt man gewerblich, das heißt gegen Bezahlung, gelten andere Versicherungstarife.

Tipps zur Unfallverhütung

Im Stall und bei der Pflege

Im Stall langsam gehen und nicht rennen, damit man die Pferde nicht erschreckt. Man nähert sich Pferden immer von vorne und spricht sie vor Berührung an, damit man unliebsamen Reaktionen mit dem Hinterbein entgeht. Ein Pferd sollte zur Pflege aus der Box genommen werden, damit ausreichend Platz vorhanden ist, um herum zu gehen. Beim Führen immer einen Führstrick einhaken, da das Führen am Halfter gefährlich sein kann. Reißt das Pferd den Kopf hoch und es verhakt sich ein Finger in einem der Halfterringe, kann dieser brechen oder auch mal fehlen! Beim Führen niemals den Strick um die Hand wickeln. Erschrickt das Pferd und der Strick löst sich nicht, kann man unfreiwillig hinterhergeschleift werden. Pferde immer nur an festen Gegenstände anbinden (nicht an Türen), die die Zugkraft des Tieres aushalten. Nie am Gebiss anbinden! Beim Anbinden stets einen schnell lösbaren Sicherheitsknoten oder Panikhaken verwenden. Der Anbindestrick sollte nicht zu lang und nicht zu kurz gewählt werden, damit sich das Tier nicht verletzen kann. Beim Hufauskratzen immer seitlich stehen. Ganz wichtig: Im Umgang mit dem Pferd immer festes Schuhwerk, besser Sicherheitsschuhe, tragen.

Vor der Fahrt

Möchte man aufschirren, so trägt man die Geschirre so zum Pferd, dass sie nicht auf dem Boden schleifen. Man legt sie vorsichtig auf, um die Pferde nicht damit zu erschrecken. Die fertig aufgeschirrten Pferde führt man nie durch enge Passagen, sie könnten mit dem Geschirr hängen bleiben. Führt man sie an die Deichsel heran bzw. von der Deichsel weg, behält man die Pferde im Auge. Anspannen sollte man immer mit einem Helfer.

Im Fahrbetrieb

Auf- und abgestiegen wird immer nur bei stehendem Gespann, um gefährliche Situationen zu vermeiden. Aufgestiegen wird immer vorwärts, abgestiegen immer rückwärts, weil man sich dann im Notfall noch mal hochziehen könnte. Für die Mitfahrer gilt: Auf- und Absteigen nur, wenn der Fahrer an der Leine auf dem Bock sitzt. Der Fahrer ist der Erste, der aufsteigt und der Letzte, der absteigt! Mitfahrer sollten auf der Kutsche ruhig sitzen und keine Bewegungen machen, die irrtümlicherweise als Handzeichen gedeutet werden können. Beim Auf- und Absitzen des Fahrers muss der Beifahrer vor den Pferden stehen. Wagenpferde sollte man vor Berührung ansprechen, damit sie nicht erschrecken, weil sie durch die Blendklappen nicht nach hinten und nicht zur Seite sehen können.

Die Pferde

Um Unfällen vorzubeugen, sollten nur gut ausgebildete und verkehrssichere Pferde eingesetzt werden. Die Pferde müssen gesund und trainiert sein und sollten in Größe und Temperament zueinander passen.

Der Wagen

Der Wagen sollte verkehrssicher sein und regelmäßig gewartet und überprüft werden. Vor jeder Fahrt muss eine Bremsprobe durchgeführt werden, um die Funktion zu gewährleisten. Die wichtige Sicherheitsausrüstung und Reparaturmaterial sollte immer mit an Bord sein.

Die Fahrstrecke

Ist die Fahrstrecke bekannt? Falls nicht, kann man die Fahrstrecke zuvor mit dem Auto oder Fahrrad abfahren, um Verkehrssituationen besser einzuschätzen. Keine zu abschüssigen Wege befahren. Besondere Vorsicht im Wald nach Regenfällen! Laub und wenig befestigte Wege bergen Rutschgefahr.

Qualifizierte Helfer

Bei Einzelfahrten muss mindestens ein Helfer dabei sein. Hat man vor, Kinder mitzunehmen, ist es wichtig, eine weitere Aufsichtsperson dabei zu haben.

Grundsätzliches

Nehmen Sie ein Handy mit. Beachten Sie beim Aufschirren, Anspannen und besonders beim Ausspannen und Abschirren die erlernte Reihenfolge unter Sicherheitsaspekten. Fahren Sie immer vorausschauend, beobachten Sie Ihre Pferde und denken Sie für andere Verkehrsteilnehmer mit!

Merke: Jeder Unfall ist ein Unfall zuviel!

Die ethischen Grundsätze

Die neun ethischen Grundsätze wurden von der FN als Leitfaden Mitte der 90er Jahre herausgegeben. Sie handeln vom richtigen Umgang, der bewussten Verantwortung und dem Verhältnis zwischen uns Menschen und unserem Sport- und Freizeitpartner, dem Pferd. Sie vermitteln traditionelle Werte und versuchen, Orientierungshilfen für ein vertrauensvolles Miteinander zu geben. Unsere Pferde und Ponys haben es verdient, dass wir sie achten und respektieren.

1. Wer auch immer sich mit dem Pferd beschäftigt, übernimmt die Verantwortung für das ihm anvertraute Wesen.
2. Die Haltung des Pferdes muss seinen natürlichen Bedürfnissen angepasst sein.
3. Der physischen wie psychischen Gesundheit des Pferdes ist unabhängig von seiner Nutzung oberste Bedeutung einzuräumen.
4. Der Mensch hat jedes Pferd gleich zu achten, unabhängig von dessen Rasse, Alter und Geschlecht sowie Einsatz in Zucht, Freizeit oder Sport.

5. Das Wissen um die Geschichte des Pferdes, um seine Bedürfnisse sowie die Kenntnisse im Umgang mit dem Pferd sind kulturgeschichtliche Güter. Diese gilt es zu wahren und zu vermitteln und nachfolgenden Generationen zu überliefern.
6. Der Umgang mit dem Pferd hat eine persönlichkeitsprägende Bedeutung gerade für junge Menschen. Diese Bedeutung ist stets zu beachten und zu fördern.
7. Der Mensch, der gemeinsam mit dem Pferd Sport betreibt, hat sich und das ihm anvertraute Pferd einer Ausbildung zu unterziehen. Ziel jeder Ausbildung ist die größtmögliche Harmonie zwischen Mensch und Pferd.
8. Die Nutzung des Pferdes im Leistungs- sowie im allgemeinen Reit-, Fahr- und Voltigiersport muss sich an seiner Veranlagung, seinem Leistungsvermögen und seiner Leistungsbereitschaft orientieren. Die Beeinflussung des Leistungsvermögens durch medikamentöse sowie nicht pferdegerechte Einwirkung des Menschen ist abzulehnen und muss geahndet werden.
9. Die Verantwortung des Menschen für das ihm anvertraute Pferd erstreckt sich auch auf das Lebensende des Pferdes. Dieser Verantwortung muss der Mensch stets im Sinne des Pferdes gerecht werden.

Die Fahrabzeichen

Bisher ist der Besitz eines Kutschenführerscheins für den privaten Bereich nicht gesetzlich vorgeschrieben. Ich kann es dennoch jedem nur wärmstens empfehlen, sich einer solchen Prüfung zu stellen, da diese für die Versicherungen als Nachweis für die Befähigung gilt, ein Gespann im Straßenverkehr zu führen. Außerdem lernt man für sich und vor allem für das Pferd alles Wissenswerte in Theorie und Praxis rund um die Fahrerei. Fortbildung hat noch niemandem geschadet! Möchte man ein Gespann gewerblich führen, ist der Kutschenführerschein B (Gewerbe) der FN oder der Kurs Gewerbliches Fahren der VFD Voraussetzung. Hier die wichtigsten Fahrprüfungen für den angehenden Freizeitfahrer:

Eingangsstufen der Fahrabzeichen bzw. Kutschenführerscheine der FN (Deutsche Reiterliche Vereinigung)

FN Fahrabzeichen 10 (FA 10)

... ist ein ideales Abzeichen für angehende Fahrer, egal ob klein oder groß. Im praktischen Teil geht es um die Pflege des Pferdes zur Vorbereitung zum Fahren, die Mithilfe beim Anschirren und Anspannen und das Wissen um das Verhalten auf der Kutsche. Das macht diesen Kurs auch für noch unbedarfte Beifahrer besonders wertvoll. So wissen sie im Notfall, was zu tun ist und können den Fahrer sicher unterstützen. Der theoretische Teil umfasst das Basiswissen rund ums Pferd, die Fertigkeiten im Umgang und die Grundkenntnisse der Geschirrkunde. An der Prüfung zum Fahrabzeichen 10 dürfen alle Fahrer ohne Altersbeschränkung teilnehmen, die einen entsprechenden Vorbereitungslehrgang besucht haben. Fahrer, die unter 18 Jahre alt sind, müssen jedoch auf der Kutsche in Begleitung eines Erwachsenen sein, der mindestens im Besitz des Kutschenführerscheins A (Privatperson) ist.
Voraussetzungen gibt es keine, sodass jeder Interessierte, der Spaß am Fahren findet, sich solch einem Abzeichen stellen kann.

FN Fahrabzeichen 7 (FA 7)

Das Fahrabzeichen FA 7 ist als Motivationsabzeichen gedacht, um den Einstiegsfahrer an den Fahrsport heranzuführen. Die Prüfung beinhaltet einen praktischen Teil, der den Umgang des Pferdes und die Bodenarbeit genauso einschließt wie das Erlernen der Achenbachschen Griffe am Fahrlehrgerät, das Aufnehmen der Leinen am Gespann sowie dem praktischen Fahren auf einem Platz oder auf der Straße in Wald, Feld und Flur. Die Theorie umfasst die Vorbereitung des Pferdes zum Fahren, Kenntnisse auf dem Gebiet des Pferdeverhaltens und das Wissen um die Ethischen Grundsätze des Pferdefreundes. Es werden ebenso in der Praxis Elemente der Bodenarbeit verlangt. An der Prüfung zum Fahrabzeichen 7 dürfen alle Fahrer ohne Altersbeschränkung teilnehmen, die einen entsprechenden Vorbereitungslehrgang besucht haben. Fahrer die jedoch unter 18 Jahre alt sind, müssen auf der Kutsche in Begleitung eines Erwachsenen sein, der mindestens im Besitz des Kutschenführerscheins A (Privatperson) ist. Voraussetzungen gibt es hier nicht. Motivation und Freude am Fahren zählen!

Fahrabzeichen 6 (FA6) für Ein- und Zweispänner

... beinhaltet das Fahren auf einem Platz und das Fahren auf der Straße. Es wird in der Theorie das Achenbach'sche Fahrsystem vermittelt und die Kenntnisse rund um das Fahren werden vertieft. Ebenso werden Grundkenntnisse in der Pferdehaltung, Fütterung und Pferdegesundheit gefordert. Ein besonderes Augenmerk wird auch auf die Bodenarbeit gerichtet, die zusätzlich die Dreiecksvorführung beinhaltet und es werden die Grundsätze des sicheren Verladens eines Pferdes abgeprüft. An der Prüfung zum Fahrabzeichen 6 dürfen alle Fahrer ohne Altersbeschränkung teilnehmen, die einen entsprechenden Vorbereitungslehrgang besucht haben. Fahrer, die jedoch unter 18 Jahre alt sind, müssen auf der Kutsche in Begleitung eines Erwachsenen sein, der mindestens im Besitz des FA5/Kutschenführerschein A ist. Voraussetzungen gibt es hier nicht.

Gut zu wissen: Wer das Fahrabzeichen 6 und 7 besitzt, muss späterhin keinen Pferdeführerschein mehr ablegen. Der Pferdeführerschein ist Voraussetzung für das Fahrabzeichen 5 und den Kutschenführerschein A (Privatperson).

FN Kutschenführerschein A (Privatperson)

Den Kutschenführerschein A (Privatperson) braucht jeder, der sich mit seinem Pferdegespann auf öffentlichen Straßen und Wegen bewegt. Er dient als Nachweis für Versicherungen für die Befähigung, ein Gespann im Straßenverkehr zu führen.

In der Theorie wird das Wissen rund um die Bedürfnisse und Leistungsfähigkeit des Pferdes gelehrt, über die Sicherheitsüberprüfung von Geschirr und Wagen und über das vorausschauende Fahren im Straßenverkehr und in Flur und Wald unter Beachtung der Rechtsvorschriften und der Sicherheitsbestimmungen. In der Praxis geht es um das korrekte Aufschirren und Anspannen samt Gespannkontrolle. Darüber hinaus gibt es Übungsfahrten innerorts und außerorts, auf Landes- und Kreisstraßen. Dabei werden verschiedene Situationen aus dem Verkehrsalltag geübt.

Das Achenbachsystem ist beim Kutschenführerschein nicht zwingend vorgeschrieben, jedoch das sichere und pferdeschonende Fahren im Verkehr. Letztendlich entscheidet der Ausbilder, ob das Erlernen der nach Achenbach vorgesehenen Haltungen und Griffe von Nöten ist.

Voraussetzung für den Kutschenführerschein A ist der Besitz des Pferdeführerscheins (bis 2019 Basispass Pferdekunde), oder der Fahr- bzw. Reitabzeichen 6 und 7. Personen unter 16 Jahren können zwar an einem Lehrgang und an der Prüfung zum Erwerb des Kutschenführerscheins A teilnehmen, bekommen aber den Kutschenführerschein

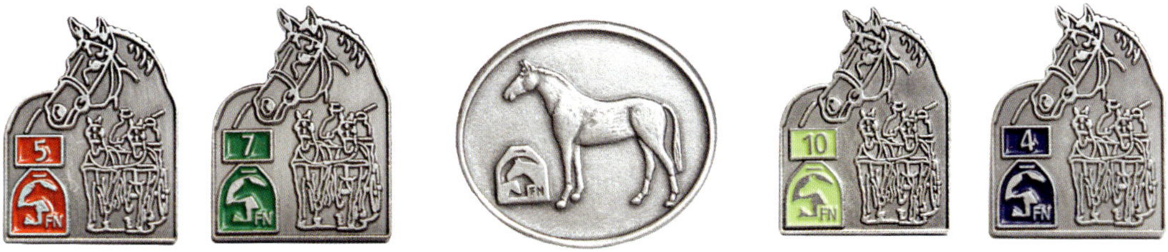

zum eigenverantwortlichen Fahren im Straßenverkehr erst mit Vollendung des 16. Lebensjahres ausgehändigt. Bis dahin müssen junge Fahrer in Begleitung eines volljährigen Beifahrers fahren, der mindestens im Besitz des Kutschenführerscheins A ist und zweijährige Fahrpraxis vorweisen kann.

FN Fahrabzeichen 5 (FA 5) für Ein- und Zweispänner

Dies ist ein Abzeichen für Fahrer die den Einstieg in den Turniersport suchen. Es ist das klassische und meist frequentierte Abzeichen für Fahrer. Das Fahrabzeichen 5 besteht aus zwei Teilprüfungen. In der Praxis werden das sachgemäße Aufschirren, Anspannen, Ausspannen und Abschirren eines Ein-/Zweispänners genauso vermittelt wie das richtige Auf- und Absteigen mit vorschriftsmäßiger »Leinenaufnahme«. Gefahren wird im Straßenverkehr, im Gelände und auf dem Platz. Hier wird eine kleine Dressuraufgabe in Anlehnung an die Kl. E verlangt. Des Weiteren kommt der Bereich Bodenarbeit hinzu. Dieser umfasst das korrektes Führen eines Pferdes, Rückwärtsrichten an der Hand und das Vorführen auf der Dreiecksbahn oder Führen analog einer Gelassenheitsprüfung. Der theoretische Teil umfasst die Grundkenntnisse der Fahrlehre und die Handhabung des Fahrlehrgerätes, Kenntnisse der einschlägigen Bestimmungen des Tierschutzgesetzes, Transport, des Straßenverkehrsrechts, des umweltverträglichen Verhaltens beim Fahren im Gelände und allgemeiner Versicherungsfragen und Rechtsvorschriften. Auch die Unfallverhütung, das heißt Sicherheit von Kutsche und Geschirr sowie die Grundzüge der LPO (Leistungs-Prüfungs-Ordnung für den Turniersport) werden erarbeitet. Für Fahrerinnen und Fahrer, die das Fahrabzeichen 5 ablegen wollen, gibt es keine Altersbegrenzung. Voraussetzung ist jedoch der Besitz des Pferdeführerscheins (Umgang)

FN Fahrabzeichen 4 (FA 4) für Ein- und Zweispänner

... ist für Fahrer gedacht, die sich in Sachen Fahrsport weiterbilden möchten. Außer den fundierten Grundkenntnissen der Fahrlehre, Rechtsvorschriften, Tierschutz etc., werden auch Kenntnisse der Leistungs-Prüfungs-Ordnung (LPO) für das Turnierwesen und das Wissen um den Einstieg in den Turniersport sowie der Exterieurlehre und Veterinärkunde gefordert. Die Praxis beinhaltet das Fahren einer Dressurprüfung Klasse A (gem. aktuellem Aufgabenheft Fahren), Fahren eines Stilhindernisparcours der Klasse A mit Standardanforderungen ohne Abzüge und das Longieren mit der einfacher Longe. Beim Fahrabzeichen 4 gibt es keine Altersbeschränkung. Für den Erwerb des FA 4 müssen Sie allerdings mindestens seit drei Monaten im Besitz des FA 5 sein.

FN Wanderfahrabzeichen Stufe 1 (WFA 1)

... befasst sich mit der Wanderfahrerei. Neben den theoretischen Kenntnissen wie das Auftrainieren eines Pferdes, der Versorgung, der Ersten Hilfe, Verfassungskontrolle, Ausrüstung, Wetterkunde, Orientierung und Planung einer Wanderfahrt, Verhalten bei Unfällen uvm., steht noch das

Fahren von Streckenfahrten in der Praxis auf dem Programm. Teilnehmen darf jeder ab einem Mindestalter von zwölf Jahren. Beim Wanderfahrabzeichen muss die Eignung zur selbstständigen Leitung eines Gespannes gem. § 31 Ans. 1 StVZO gewährleistet sein. Fahrer unter 18 Jahren dürfen nur in Begleitung eines Erwachsenen, der mindestens im Besitz des Deutschen Fahrabzeichens FA 5 oder des Kutschenführerscheins A (Privatperson) ist, teilnehmen. Voraussetzungen für die Prüfungszulassung zum Erwerb von Wanderabzeichen sind der Kutschenführerschein A (Privatperson) oder das Fahrabzeichen FA 5. Zudem gilt es die Teilnahme an einem Kurs für Sofortmaßnahmen am Unfallort nachzuweisen.

Wanderfahrabzeichen Stufe 2 (WFA 2)

... beinhaltet das Fahren von mehrtägigen Touren. Praxis und Theorie ähneln dem Wanderfahrabzeichen Stufe 1, jedoch kommt die Teilnahme an einer mehrtägigen Wanderfahrt (mindestens zwei Tage) inklusive Lösen einer Orientierungsaufgabe im Gelände mit Tempovorgabe und Übernachtung hinzu. Ebenso gilt es einen Gelände-Geschicklichkeitsparcours zu absolvieren. Die Theorie umfasst die Planung mehrtägiger Wanderfahren, die Ausrüstung des Pferdes und des Fahrers, Orientierung im Gelände, Beurteilen des passenden Tempos, Einhalten von Tempovorgaben; vertiefende Wetterkunde, Natur- und Umweltschutz beim Fahren, Schutzkategorien und Konsequenzen; Zusammenstellen einer Notapotheke sowie Erste Hilfe bei Fahrer und Pferd. Der Bewerber muss die Prüfung für das Wanderfahrabzeichen Stufe 1 bestanden haben.

Bei der FN wie auch beim VFD gibt es weitere Aufbau- und Zusatzstufen im Bereich Fahrabzeichen, die interessierten Fahrern und auch solchen, die sich sportlich messen möchten, weitere Möglichkeiten einräumen, sich fortzubilden. Das betrifft nicht nur den Ein- und Zweispännerbereich sondern auch das Fahren von Vier- und Mehrspännern.

Weiterführende Leistungsabzeichen der FN:

FN Kutschenführerschein B (Gewerbliche Fahrer)
FN Fahrabzeichen 2 für Zweispänner (FA 2)
FN Fahrabzeichen 3 für Vierspänner (FA 3)
FN Fahrabzeichen 2 für Vierspänner (FA 2)
FN Fahrabzeichen 1 für Vierspänner + Tandem (FA 1)
Im Geländefahren gibt es bei der FN außer den Wanderfahrabzeichen noch folgende Abzeichen:
FN Abzeichen Distanzfahren Stufe 1
FN Abzeichen Distanzfahren Stufe 2

Eingangsstufen der Fahrabzeichen beim VFD (Verein der Freizeitreiter/-fahrer Deutschlands)

VFD Junior-Fahrprüfung

Dieses Abzeichen ist als motivierender und altersgemäßer Nachweis konzipiert. Der Kurs vermittelt praktische Kenntnisse und Fähigkeiten für den Umgang mit Pferden und das Vorbereiten von Pferden zum Fahren sowie die Teilnahme am praktischen Fahrunterricht in Begleitung eines Erwachsenen, der im Besitz eines fahrerischen Sachkundenachweises ist. Voraussetzung ist der VFD Pferdekunde. Mindestalter 10 Jahre.

VFD Geländefahrer = Fahrerpass I

Der Fahrerpass I dient als Nachweis ausreichenden Wissens und Könnens, um eigenverantwortlich fahren zu können. Zu den Prüfungsinhalten zählen eine Fahrtauglichkeits- und Ausrüstungskontrolle, Ein- und Ausspannen sowie eine Fahrprüfung im Straßenverkehr. Mindestalter: 16 Jahre.

VFD Wanderfahrer = Fahrerpass II

Der Fahrerpass II ist für Fahrer gedacht, die eigenverantwortlich Wanderfahrten durchführen möchten. Sie bescheinigt dem Inhaber vertiefte Kenntnisse und Fertigkeiten im Fahren und im Umgang mit Pferden. Man befasst sich zudem mit Orientierungs- und Sonderaufgaben rund ums Wanderfahren. Die Prüfung beinhaltet eine zweitägige Wanderfahrt. Mindestalter: 16 Jahre.

VFD Prüfung Fahren

Ziel dieser Prüfung ist eine harmonische Einheit von Pferd und Fahrer mit gymnastizierten und gut konditionierten Pferden. Zum einen soll fehlerhafte Ausbildung erkannt sowie die passenden Korrekturmöglichkeiten erlernt werden. Zum anderen wird das Fahren einer Aufgabe auf dem Platz geschult. Mindestalter: 16 Jahre.

Weiterführende Abzeichen beim VFD:

VFD Fahrtenführer = Fahrerpass III
Zusatzstufen Landwirtschaftliche Anspannungen, Fahren von Mehrspännern, Rücken und gewerbliches Fahren

Service

Weiterführende Literatur

Schweickert, Sabine: Einstieg ins Turnierfahren, Müller Rüschlikon Verlag. Ein umfassendes Buch zur weiteren Ausbildung von Fahrer und Pferd .

Schweickert, Sabine: Wanderfahren, Ulmer Verlag. Einspannen um Auszuspannen! Ein wertvoller Ratgeber für das Fahren in der Natur!

Achenbach, Benno von: Anspannen und Fahren, FN-Verlag. Der Klassiker unter den Fahrsportbüchern. Ein Muss für jeden Fahrer!

Temporini, Rudolf: Der sichere Weg zum Fahrabzeichen, Müller Rüschlikon Verlag. Alles Wissenswerte sowie gute Tipps rund um die Fahrprüfung. Inklusive Prüfungsfragen zur idealen Vorbereitung.

Temporini, Rudolf: Fahrpferde ausbilden, Müller Rüschlikon Verlag. Informatives und ausführlich beschriebenes Werk über die Ausbildung von Fahrpferden.

Deutsche Reiterliche Vereinigung: Richtlinien für Reiten und Fahren Bd. 5 – Fahren, FN-Verlag. Das Standardwerk der FN liefert Grundwissen für die systematische Ausbildung von Fahrer und Pferd. Die Inhalte sind relevant für alle Fahrprüfungen.

Deutsche Reiterliche Vereinigung: Der Kutschenführerschein – Sicheres Gespannfahren im Straßenverkehr, FN-Verlag

Nützliche Adressen

Deutsche Reiterliche Vereinigung (FN)
Freiherr-von-Langen-Str. 13, 48231 Warendorf
www.pferd-aktuell.de

Vereinigung der Freizeitreiter und -fahrer in Deutschland (VFD)
Bundesgeschäftsstelle
Zur Poggenmühle 22, 27239 Twistringen
www.vfdnet.de

Österreichischer Pferdesportverband (OEPS)
Geiselbergstr. 26-32 / Top 512, A-1110 Wien
www.oeps.at

Schweizerischer Verband für Pferdesport (SVPS)
Papiermühlestr. 40h, CH-3000 Bern
www.fnch.ch

Veh Reit- und Fahrsport, Schloßstr. 12,
91484 Sugenheim, www.kutschen-veh.de
Encke Fahrlehrgeräte, Ernst-Ekkehard Encke
Kelterstr. 27, 73776 Altbach
www.encke.info

Bei Fragen oder Problemen können Sie sich gerne an mich wenden: Sabine Schweickert
Aussiedlerhof 1, 66954 Windsberg/Pirmasens
Fahrausbildung@t-online.de
www.fahrteam-schweickert.de

Schlusswort

»Fahren für Einsteiger«. Ein Titel, der mich dazu bewogen hat in Punkto Fahren etwas Aufklärungsarbeit zu leisten. Durch eine Vielzahl von Schülern in meinen Kursen, weiß ich um allgemeine Fragen der Fahrneulinge und den alltäglichen Problemchen rund um die Fahrerei. Ich hoffe, dass ich mit diesem Buch Hintergründe verständlich machen und erklären konnte, warum wieso und weshalb, die »Dinge« so sind wie sie sind.

Zu guter Letzt halte ich es für meine Pflicht, mich bei allen Freunden und Schülern, die mich tatkräftig unterstützt haben, zu bedanken. Insbesondere bei unserer guten Freundin Sandra Hoffmann, der Pferdefotografin, die sich sofort bereit erklärt hatte, mein Buch zu bebildern. Einen Dank an meine langjährige Freundin Sabine Scheitler, die immer da ist, wenn es mal »brennt«. Ein ganz besonderes Dankeschön möchte ich noch an meinen Mann Gernot richten, der mich in meinem Tun und Wirken ständig unterstützt und mir so manchen Motivationsschub gibt. Nicht zu vergessen, unsere Tochter Lena, die aktiv im Betrieb mitarbeitet, uns bei der Ausbildung von Menschen und Pferden unterstützt und mittlerweile selbst erfolgreich an Fahrturnieren bis zur schweren Klasse teilnimmt. Auch sie hat die Trainerlaufbahn eingeschlagen und erfolgreich die Prüfungen für den FN Trainer Fahren Leistungssport, FN Trainer Bodenarbeit und FN Trainer Kinderreitunterricht abgelegt. Außerdem ist sie Reitpädagoge nach TPC®.

Auch möchte ich Frau König vom Müller Rüschlikon Verlag danken, die mir 2011 die Möglichkeit gab, mein erstes Buch zu veröffentlichen. Nun, erscheint schon die vierte Auflage meines Erstlingswerks. Kaum zu glauben! Dieses Buch möchte ich jedem Fahrer, nicht nur den Turnierambitionierten, besonders ans Herz legen, da es inhaltlich um die weitere Ausbildung von Fahrern und Pferden geht. Es ist nicht nur für Anfänger geeignet, sondern für alle Fahrer, die sich weiterbilden möchten: Es gibt ein Leben nach dem Fahrabzeichen! Bilden Sie sich stets fort, um eine bessere Harmonie von Fahrer und Pferd zu erreichen.

So … Und nun noch die Wichtigsten!
Meinen vierbeinigen Freunden, meinen treuen Lehrpferden, insbesondere Goldfee, Aronne und Jockamo, die durch Zufall mein Hobby zum Beruf haben werden lassen, möchte ich ebenfalls einen Dank aussprechen. Ohne sie wäre ich nichts weiter als ein Mensch, vielleicht ohne besondere Erfüllung und Leidenschaft …

Windsberg, 2019

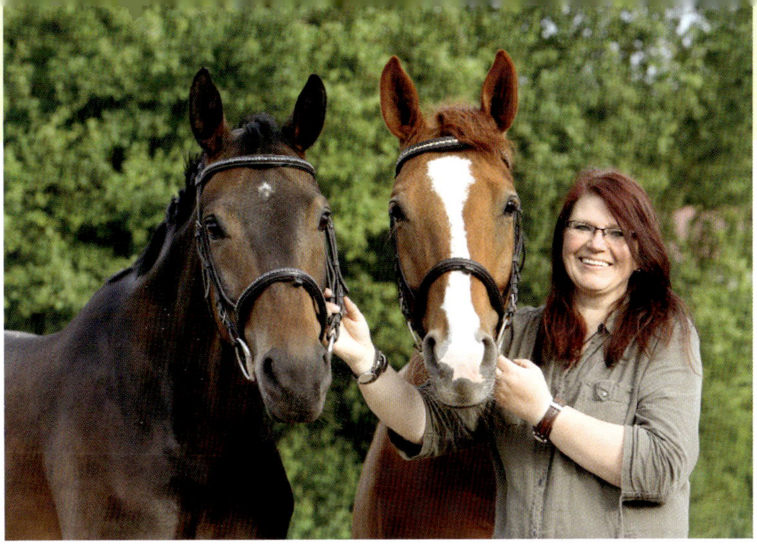

Sabine Schweickert mit ihren zwei Nachwuchspferden Corvette und Royal Mave.

Sabine Schweickert (*1966 in Heidelberg) war schon recht früh von Pferden fasziniert. Im Alter von 18 Jahren kam das erste eigene Pferd in den Stall. Lange Zeit blieb sie der Reiterei mit Augenmerk auf die Dressur treu, bis sie sich Ende 1999 komplett dem Fahrsport verschrieb. Nach Ablegen verschiedener Fahrabzeichen und aktivem Turnierfahren stand am Ende die Trainer- und Richterlaufbahn auf ihrem Programm. Im pfälzischen Windsberg Nähe Pirmasens am Rande des schönen Pfälzer Walds betreibt sie einen Ausbildungsstall und züchtet zusammen mit ihrem Mann Deutsche Reitpferde und Fahrponys. Seit über 15 Jahren begleitet sie Menschen und Pferde auf dem Weg ins Fahrerdasein. Sabine Schweickert hält Lehrgänge zum Thema Fahren, Longieren und Doppellonge und gibt ihre Erfahrungen gerne in ihren Kursen weiter. Eine reelle Basisausbildung von Zwei- und Vierbeinern und ein gutes Miteinander mit unserem Kamerad Pferd liegen ihr sehr am Herzen.